NEW CLASSIC SERIES

主の祈り 私たちの

J・I・パッカー 著
伊藤 淑美 訳

いのちのことば社

Praying the Lord's Prayer

Copyright © 2007 by J. I. Packer

Published by Crossway

a publishing ministry of Good News Publishers

Wheaton, Illinois 60187, U.S.A.

This edition published by arrangement

with Crossway.

ジム、トム、エリザベスに。
この三人は言葉よりも、むしろ自分たちの在り方によって、
与えられている力を、私に分けてくれました。

目次

ですから、あなたがたはこう祈りなさい。
「天にいます私たちの父よ。
御名が聖なるものとされますように。
御国が来ますように。
みこころが天で行われるように、
地でも行われますように。
私たちの日ごとの糧を、今日もお与えください。
私たちの負い目をお赦しください。
私たちも、私たちに負い目のある人たちを赦します。
私たちを試みにあわせないで、
悪からお救いください。」*

マタイの福音書6章9―13節

* 後代の写本に〔国と力と栄えは、とこしえにあなたのものだからです。アーメン。〕を加えるものもある

はじめに

使徒信条と十戒と主の祈りは、とても大切にすべき三つの式文であって、キリスト教を成り立たせています。これらはそれぞれクリスチャンの信仰、行動、神との交わりの仕方を要約しています。

特に主の祈りは、驚くほど内容が濃縮されていて意味が深いです。それは福音の要約であり（テルトゥリアヌス）、神学の本体であり（トマス・ワトソン）、目標を目指し祈願をするときの規範となり、生活全体に関わる鍵《かぎ》です。クリスチャンであることの意味をこれほど端的に表したものは、ほかに例がありません。

宗教改革の伝統に立つ他の教理問答書と同じように、聖公会祈禱書《せいこうかいきとうしょ》の教理問答の中心にあるのも、この三つの式文です。その中で主の祈りに関しては、次のように述べられています。

問　この祈りの中で、あなたは神に何を望んでいますか。

答　すべてのよいものを与えてくださる私たちの天の父、私の主なる神が、私とすべての人々に恵みを与えてくださることです。そうすれば私たちに求められているように、主を礼拝し、主に仕え、従うことができるでしょう。そして私は神に、私たちの魂と肉体に必要なすべてのものを与えてくださるように祈り、そして深い恵みを垂《た》れて罪を赦してくださるように祈り、霊的にも肉体的にもすべての危険から私たちを救い守るように祈り、すべての罪や悪および霊的な敵や永遠の死から守ってくださるように祈ります。また神がこれらのことを、ご自分のあわれみと善とのゆえに、私たちの主イエス・キリストを通してなしてくださると信じます。それゆえ私はアーメンと言いますので、そのようになりますように。

これから始まる学びで説明しようとしていることを、この教理問答の言葉は垣間見《かいまみ》させています。

「主よ。……私たちにも祈りを教えてください。」

ルカの福音書11章1節

1　あなたがたはこう祈りなさい

神に祈ることが今日、多くの人にとって一つの問題となっています。なぜ祈るのかの理由もわからずに、ただ形だけ祈っている人がいます。また祈りを静思や超越的な瞑想《めいそう》に変えてしまった人もいます。しかしおそらく、そもそも祈ること自体をまったくやめてしまった人がほとんどでしょう。

何が問題なのでしょうか。答えは明白です。神とはどういう方かについて混乱しているために、人々は祈りについて疑問を感じているのです。神が存在するのかわからない、神に人格があるのかわからない、また善良な方であるのかわからない、物事を支配しておられるのかわからない、私たちのような平凡な人間を心にかけていてくださるのかわからない。こうした不安があるならば、結果として、祈りはどうでもいいとはいわないまでも、祈ってもまったく意味がないという結論に至ります。こうして祈りたくなくなるのです。

ところがクリスチャンのように、イエスは神のかたちであられると信じるなら、すなわち神はイエスのような性格をしておられると信じるなら、そのような疑問は抱かないでしょう。そして天におられる父にイエスが祈られることが自然であり、またイエスが地上におられた公生涯のあいだ、弟子たちが師イエスと語るのが自然であったのと同じように、御父と御子に祈るのは、私たちにとってごく自然なことであると認めるでしょう。

会話を交わす

敬愛する両親や賢明な友人、さらには助言や行動によって私たちを助けてくれる人と話をするとき、それは意味がないとか退屈であるとは思ったりしません。喜んで時間を割きます。それどころか、そのためにスケジュールを空《あ》けるでしょう。なぜなら、そのような会話には価値があり、得るところが多いと思うからです。神との会話である祈りの時間も、このように考えるべきです。メソジストの聖徒ビリー・ブレイは、よくこんなことを言いました。「このことについては、御父にお話ししなければならない」。実際にそのようにしていましたが、それは祈りのことをいっていたのです。

では私たちが祈るとき、神は本当に何かを語られるのでしょうか。そのとおりです。たぶん肉体の耳で聞くように、神の声を聞くことはないでしょう。また急に強烈な印象を伴って、メッセージが伝わってくるのを感じることもないでしょう（もしもそのようなことが起こったなら、疑ってかかるほうが賢明でしょう)。そうではなく、神の御座の前で問題を吟味しながら言葉で言い表し、私たちが何を望み、なぜそのように望むのかを神に申し上げ、いま問題になっている事柄について、記された神のことばである聖書箇所や、聖書の原則を通して考えるのです。そうすると神が、私たちや私たちの祈りについてどのように考えておられるのか、また私たちや他の人に対する主のみこころについて、私たちの心の中で多くの確信が結晶してくるのがわかります。

もしあなたが「なぜこのことや、あのことが起こったのですか」と尋ねても、何の光明も差してこないでしょう。なぜなら、「隠されていることは、私たちの神、主のものである」（申命29・29）からです。ところが「いま私がいるこの場で、どのように神に仕え、どのように栄光を表したらいいのですか」と尋ねるなら、常に必ず解答を見いだすのです。

祈るために造られた

神が私たちを造られたのは、祈らせるためであると言っても言い過ぎではありません。祈りは（最も簡単なことではありませんが）私たちができる最も自然な行動です。そして神の目から見れば、祈りは私たちすべての人間を測る物差しです。聖徒といわれたマーレー・マクシェーンはこう述べています。「神の前でただひとり膝《ひざ》を屈めて祈るとき、その人がいかなる人であるかが表れる。それ以上のものにはなれない」

「主よ。……私たちにも祈りを教えてください」（ルカ11・1）という重大な願いをしたとき（あなたも同じようにしたことがありますか）、おそらくイエスの弟子たちも同じことを感じていたでしょう。このような質問を受けたとき、イエスは喜ばれたに違いありません。けれども、よき教師の流儀に従って、イエスは感情を抑えて、「祈るときには、こう言いなさい」と事務的に答えられました。そして公生涯において二回、私たちが「主の祈り」と呼んでいる式文を、弟子たちに教えられました（ルカ11・2―4。マタイ6・9―13参照）。

「こう言いなさい」とイエスが言われたとき、弟子たちがこの言葉をおうむ返しに繰り返すことを意図しておられたのでしょうか。いいえ、そうではありません。弟子たちが意味を吟味することを願っておられました。「こう言いなさい」とは、いうならば「このような意味を込めなさい」という意味です。クリスチャンにとって、この祈りはすべての祈りの模範なのです。考えも思いも願いも、この模範に即して表現されるときにだけ、祈りは聞かれる、とイエスは教えておられます。すなわち、私たちのすべての祈りは、主の祈りを模範とした祈りであるべきです、というのです。つまり、私たちの祈りはすべて、何らかの形で、「主の祈り」であるべきだ、ということです。

祈ることを学ぶ

「経験とは、教えられるようなものではない」。この言葉は、ある新入社員募集の小冊子から採りました。しかし、この言葉の中には、給料を得る技能に関する深い真理と同様に、祈りについての深い真理が含まれています。歌うことと同じように、祈りとは習得して実践すべきことです。祈ることは、歌うことと同じです。祈りは、本を読むことによってできるようになるのではなく（このような本でさえも！）、実際に祈ることによって、できるようになるのです。祈りはごく自然で自発的な行動ですので、まったく研究などしなくても、十分に習得することができます。

とはいっても発声練習が歌唱力を向上させるように、他人の経験や助言を用いれば、私たちはよりよく祈れるようになります。聖書には、模範にできる祈りが満載されています。詩篇の中には、賛美・懇願・献身について百五十の型が収められています。また、祈りを主題とした多くの教えとともに、さらに多くの適切な祈りの実例が収録されています。

私たちは他人の祈りをおうむ返しに祈ることで満足すべきではありません。また、そんなことをしても神は喜ばれません（もし子供が親に話をするとき、他人の言葉を借りるばかりで、他人の気持ちを伝えることに終始するなら、果たして親は喜ぶでしょうか）。しかし、他のピアニストの演奏が、後進の音楽家にとって参考となり、後輩がきわめてよく演奏できるようになるように

（おそらく、先輩と同じ演奏方法ではないと思いますが）、他の人がどのように祈ったかを見ながら、さらにその人とともに祈ることによって、私たちも自分自身の祈り方を見いだすのです。そして、そうしたすべての祈りを包括する指導書として、私たちは「主の祈り」を手にしているのです。

光を分析するためには、プリズムで分光した七つの色を見ることが必要です。同じように、主の祈りを分析するためにも、七つの個別な活動を参照することが必要です。それは、賛美と信頼をもって神に近づくこと。賛美し礼拝しながら、神のみわざと価値とを感謝すること。罪を認めて、赦しを求めること。私たちと他の人のために、必要が満たされるように願うこと。創世記32章でヤコブが格闘したように、祝福を求めて神と論ずること（神は喜んで議論してくださいます）。神が各自に与えてくださった状況を受け入れること（神がそのような状況を生み出されたのです）。どんなことがあっても神への忠誠を誓うこと。これら七つの活動は、ともに働いて聖書的な祈りを形づくります。そして主の祈りは、これらをすべて含んでいるのです。

そういうわけで、祈りを常に導き、力あるものとするために、主の祈りを用いるべきです。主の祈りの精神で祈ることは、私たちの祈りが神のみこころの中に留まるための確かな方法です。祈りが無味乾燥になり行き詰まったとき、主の祈りを通して祈り、祈りながらそれぞれの項目を広げていくなら、確実に祈りに活力を回復することができます。主の祈りに勝る祈りはどこにもありません。主の祈りは、祈りに関する主イエスの最初の教えであるだけでなく、祈りに関する他のすべての教えでもあるのです。主よ。私たちにも祈りを教えてください。

さらに聖書を学ぶために

祈りは自然なことです

詩篇27、139篇

考え、話し合うための質問

- 各人の神観は、その人の祈りに対する考え方にどのような影響を与えますか。
- 祈りは「私たちができる最も自然な行動」ですと言えるのはなぜですか。
- どのような意味で、すべての祈りは主の祈りを反映すべきなのですか。

「主よ。……私たちにも祈りを教えてください。」

ルカの福音書11章1節

2　ですから、あなたがたはこう祈りなさい

「ですから、あなたがたはこう祈りなさい」。このように山上の説教の中で（マタイ6・9―13）、イエスは主の祈りを紹介されました。ですから主の祈りが与えられたのは、定型の式文にすると同時に、祈りの中で考えることの規範とするためであったのは明らかです。この規範には、何が含まれているでしょうか。以下のように俯瞰《ふかん》することができるでしょう。

祈りの始めにある神への呼びかけには、深い意味があります。それは弟子たちを驚嘆させたに違いありません。ユダヤ教では、神のことを「父よ」と呼びかけるようなことはしなかったからです。ところがイエスはそうするように命じられました。言い換えると、神の家族の中にあって、私たちは子供であり、神は父の愛をもって私たちをご覧になっているのだから、私たちは神の臨在を喜び、御前に行くべきである、というのです。それから、このことと「天にいます」私たちの父という考えを結びつけなければなりません。この父は神であり、主権者であり、他の何ものにも依存する必要のない方です。神は天におられると同時に、私たちに関わってくださいます。一

方では父としての愛があり、他方では超越者として偉大であるというが、神に備わる二つの性質です。主の祈りの残りの部分は、あらゆる点でこの性質を前提としています。

それから神を中心とする三つの請願が続きます。これらはイエスが「重要な第一の戒め」と呼んだ「心を尽くし、いのちを尽くし、知性を尽くして、あなたの神、主を愛しなさい」（マタイ22・38、37）というみことばによって求められる態度を言い表しています。

第一の請願は、神の「御名」が「聖なるものとされますように」です。聖書において、名前とは「人格」を意味します。神の御名を聖なるものとするとは、神を聖なる方として認め、神の啓示にはすべて敬意を払い、礼拝と従順をもって応答することを意味します。

第二の請願は、神の「御国」が来ますように、です。神の「御国」とは、神の支配力が救いの中で公に示されることを意味します。神の御国が来ますようにという祈りは、キリストが再臨されて、すべてが新しくされるまで、世界中で神の主権が明らかにされ、すべての人がその主権に服従し、神の救いの恵みを経験するようにという願いなのです。

第三の請願は、神の「みこころ」が行われますように、です。つまり、神の命令と目的のすべてが完全に成就するようにということです。

神が第一、人間はその次

次に、人間を中心にした三つの請願が続きます。神をあがめる祈りの後に、これらの請願があります。これによって、私たち個人の細かい必要を満たしてくださいと求めるのは、私たちの父の栄光を現すための手段とするためであることを、主の祈りは思い出させてくれます。決して私たちの都合に合わせて、神のみこころを曲げるような思いではいけません。私たちは、日ごとの糧が備えられること、罪の赦し、誘惑や試みる者（「悪」とは「悪しき者」を意味する）から守られることを求めるようにといわれています。原則として、私たちの必要はすべて、ここに網羅されています。すなわち物質的に必要なものすべて、霊的な刷新と回復に必要なものすべて、導きと助けに必要なものすべてです。

そして、「賛美による締《し》め括《くく》り」は、「国」（御座におられる神をほめたたえる）と「力」（私たちが求めることを、すべてかなえることができる神をあがめる）と「栄え」（「神よ、あなたをほめたたえます」と宣言する）を神に帰しています。初期の写本によれば、この部分がキリストご自身の口から出ていないことは明らかです。しかし、この言葉がここにぴったりであることは、誰《だれ》も否定しないでしょう！

神が会話を導かれる

心配事や問題について、私たちが両親や友人に話して助けを求めるとき、しばしば彼らのほうが会話を導いて、その会話を有意義なものにしなければなりません。さもないと、心がひどく混乱した私たちが、せっかくの会話を台なしにしてしまうかもしれないからです。感情をぶちまけて問題を打ち明けているときに、「ちょっと待って、そこをはっきりさせましょう。では、そのことをもう一度話してくれませんか。……それについて、どう感じましたか。……では問題は何でしょうか」と言ってもらったおかげで、問題を考え直せたりしたことは、私たちの誰《だれ》もが経験しています。こうして彼らは、私たちの頭を整理してくれます。

私たちが神と会話するために神が用意された一連の質問に対して、主の祈りは模範解答を与えています。そのことを私たちは理解する必要があります。次のとおりです。「あなたはわたしを誰だと思っていますか。あなたにとって、わたしは何者ですか」――「天にいます私たちの父です」。「そうであるなら、あなたが実際に最も願っているのは何ですか」――「御名が聖なるものとされること、御国が来ること、みこころが知られ、行われることです」。「それでは、その目的を達成する手段として、いま何を求めているのですか」――「糧と赦しと救いです」となるのです。それから「賛美による締《し》め括《くく》り」が次の質問に答えます。「こうしたことを求めるなんて、あなたはどうしてそんなに大胆な確信を持てるのですか」――「なぜなら、あなたにはそれがおできになること、またそうなさることによって、あなたに栄光がもたらされることを知っているからです」。このような一連の質問は最も有益な仕方で、私たちを霊的に整えてくれます。

祈っているときどき、聞いてくれる人なんか、ここに誰もいないではないかと感じることがありますし、そして、そう感じることは正しいと考えたくなるように誘惑されます。神の支配のもとで、このような思いを最終的に打ち消すものは、すでに述べてきたことを新たな気持ちで思い出すことです（これは確かに、聖霊がなさることです）。右に述べたような仕方で、神は実際に問いかけておられます。私たちが神のことをどのように考えているのか、神から何を求め、またなぜそのことを求めるのかを正直に言うようにと、神は求めておられます。

こうしたことが、主の祈りが教えていることの一部です。この観点から見ると、主の祈りは、子供向けの隠し絵のようなものです。最初に見たときには、何が描いてあるのかわかりません。それから隠れていた絵がわかります。それ以降は見るたびに、その絵が飛び出してくるように思われます。この場合の絵とは、問いかけられる神です。そして主の祈りは一句ごとに、その問いかけに対するふさわしい解答となっています。このように理解することができたときに初めて、著者であり教師であられる神の意図した方法に従って、この祈りの模範を用いることができるようになります。

さらに聖書を学ぶために

祈りの模範

ヨハネの福音書17章

考え、話し合うための質問

- 何を根拠として、神の臨在に近づくべきですか。あなた自身は、そのような手段を持っていると思いますか。はいにせよ、いいえにせよ、そのように答える理由は何ですか。
- 心を尽くして神を愛することと主の祈りとは、どのような関係がありますか。
- 私たちの祈りを再び形づくるときに、主の祈りが必要となる場面の例を挙げなさい。

このように、あなたがたは悪い者であっても、自分の子どもたちには良いものを与えることを知っているのです。それならなおのこと、天におられるあなたがたの父は、ご自分に求める者たちに、良いものを与えてくださらないことがあるでしょうか。

マタイの福音書7章11節

3　私たちの父よ

主の祈りでは、家族間で使う言葉を用います。神に対して、「私たちの父よ」と呼びかけるように、イエスは教えておられます。イエスご自身もそうなさいました。例えば、ゲッセマネの祈りを見てみましょう。ヨハネの福音書17章に記されている大祭司の祈りでは、「父」という言葉が六回も使われています。ところが、ここで疑問が生じます。イエスはそもそも神の御子であり、永遠の神の第二位格でもあられます。それに対して、私たちは神の被造物です。それでは、どんな権利があって、私たちは神を父と呼べるのでしょうか。イエスがこのように呼びかけなさいと教えられたとき、被造物であっても、子たる権利があるといっておられるのでしょうか。それとも何か違うことをいっておられたのでしょうか。

養子とされた

ここでは、明瞭《めいりょう》にすることがとても重要です。人はみな生まれつき神の子供であるとは、イエスはいっておられません。けれども、主に献身した弟子は恵みによって神の家族の養子とされた、といっておられるのです。「この方を受け入れた人々、すなわち、その名を信じた人々には、神の子どもとなる特権をお与えになった」（ヨハネ1・12）。イエスが受肉されたのは、このためであるとパウロは述べています。「神はご自分の御子を、……遣わされました。それは、……私たちが子としての身分を受けるためでした」（ガラテヤ4・4、5）。神を父として祈れるのはクリスチャンだけです。

このことは謎《なぞ》を解決します。他の箇所でイエスが強調しておられるように、弟子はイエスの御名により、イエスを通して祈るべきです。すなわち御父へ近づく道として、イエスに目を向けるのです（ヨハネ14・6、13、15・16、16・23―26参照）。ところが模範とされる主の祈りに、イエスの御名がまったく出てこないのはなぜでしょうか。実は、ここに大切なポイントがあります。それは「父」という言葉の中に隠されています。イエスを仲保者また罪を担ってくださる方として見上げ、イエスを通して神のみもとへ行く者だけが、子供として神にお願いする特権を持つからです。

子供と相続人

私たちが、しかるべく祈り、しかるべく生活するためには、神の恵み深い父性とはいかなるものか、しっかりと理解する必要があります。

第一に、神の養子とされた私たちは、神がご自分の「愛する子」（マタイ3・17、17・5）と呼ばれた方とまったく同じように愛されています。実子と養子がいる家庭では、実子が養子よりも愛される場合があります。しかし父なる神には、そのような欠点はありません。

これは、いままで耳にした中で最高のニュースです。その意味するところをパウロが高らかに述べています。「どんな被造物も、私たちの主キリスト・イエスにある神の愛から、私たちを引き離すことはできません」（ローマ8・39）。ここで語られているように、神は決して私たちをお忘れになることがなく、その恩顧に終わりはありません。そして私たちが放蕩息子《ほうとうむすこ》のように振舞ったとしても（何としばしばそうすることでしょうか）、忍耐深い父であられます。

聖公会祈禱書《せいこうかいきとうしょ》にあるように、神は「私たちが祈る以上に、常に聴く用意をしておられ、「私たちが願ったり、あるいは受けるに値したりするものよりも、さらに多くのものを与えてくださいます」。私たちの主は言われました。「あなたがたは悪い者であっても、自分の子どもたちには良いものを与えることを知っているのです。それならなおのこと、天におられるあなたがたの父は、ご自分に求める者たちに、良いものを与えてくださらないことがあるでしょうか」（マタイの福音書7章11節。ルカの福音書11章13節の並行箇所では、「良いもの」の代わりに「聖霊」とあります。途絶えることのない聖霊の働きが、イエスの念頭にあった良いものの一つであることは確かです）。私たちを神は父親のように愛しておられるという真理を知ると、祈ることだけではなく、私たちの生活全体に限りない確信が与えられます。

第二に、私たちは神の相続人です。古代の地中海世界で養子縁組が行われたのは、相続人を確保するためでした。神の栄光を受け継ぐことにおいて、クリスチャンはキリストと共同相続人になります（ローマ8・17）。「私たちは今すでに神の子どもです。……私たちは、キリストが現われたときに、キリストに似た者になる」（Iヨハネは3・2）のです。すでに「すべては、あなたがたのものです」。「あなたがたはキリストのもの」（Iコリント3・21－23、ローマ8・28－30）なので、こうしたすべてのことが、この世ではあなたの善を促進し、後の世ではあなたの栄光を促進するのです。このことを理解するならば、自分自身がどんな君主や億万長者よりも、はるかに裕福であり特権に浴していることがわかります。

第三に、私たちは神の御霊を内に持っています。養子縁組によって私たちと神との関係が変わったことによって、私たちの志向や願望が変わり、世界観や態度も変わります。聖書では、これを新生と呼んでいます。「その名を信じた……人々は、……神によって生まれた」（ヨハネ1・12、13）のであり、より正確には「御霊によって生まれた」（3・6。3－8節参照）のです。パウロはこう述べています。「あなたがたが子であるので、神は『アバ、父よ』と呼ぶ（すなわち、新しい霊的な本能の発露として、自発的にそのように呼ぶように駆り立てる）御子の御霊を、私たちの心に遣わされました」（ガラテヤ4・6）

そして、私たちが落ち込むとき（誰《だれ》にでもあることです）、思考は混乱し、落胆します。また祈るとき舌がもつれ、「私たちは、何をどう祈ったらよいか分からないのです」。そのとき、しかるべく祈りたいという情熱と、だがそうはできていないという悲しみそのものによって示されるように、私たちの心の中で御霊ご自身がおりにかなったとりなしをしてくださるのです（ローマ8・26以下）。そのことは神秘的であるとともに安心感を与え、驚かされると同時に感銘を与えます。

第四に、御父のために奉仕することによって、父をあがめなければなりません。私たちの関心事の中心にあるのは、「主の御名と御国とみこころ」でなければなりません。そして人間の家族における善良な子供と同じように、父の指導に従う心構えでいなければなりません。

第五に、兄弟姉妹を愛して、常に配慮をしながら祈らなければなりません。主の祈りでは、家族の必要のためにとりなすように教えています。「私たちの父よ。私たちの……お与えください。私たちの……お赦しください。私たちを……あわせないで、……お救いください」。「私たち」という言葉は、私一人だけ以上のものを意味しています。神の子供にとって、祈りとは「唯一なる方のもとに、一人だけで逃れる」ことではありません。祈りの中には、家族に対する配慮も組み込まれています。

このようにして、私たちが神のみもとに行って、「父よ」と呼びかけるときには、キリストに対する信仰と、神にある確信と、聖霊による喜びと、神に従うという目的と、仲間のクリスチャンに対する配慮とを表すべきです。こうすることによってのみ、この祈りの式文を教えてくださったイエスの意図に応えることができるのです。

賛美と感謝

この祈りの模範が、神を「父よ」と呼びかけることから始まっているように、私たちも実際に祈るときには、家族関係が一新されていることを、まず最初に意識するべきです。すなわち神が父親であり、私たちは恵みによって子供とされているのです。正しい心による祈りはすべて、まず長い時間をかけて神を見上げ、じっくりと心を引き上げて感謝と賛美をささげることから始まります。まさにこのようにするようにと、「父」は招いておられます。恵みを感謝し、父なる神を賛美し、私たちが子であり相続人であることを喜ぶことが、クリスチャンの祈りの大半を占めるべきです。もし私たちがこれ以上のことを祈らなくても、それでもなお、私たちはよい祈りをささげているのです。第一のものを第一とすべきです。

ですからお尋ねします。いつも神を父として祈っているでしょうか。そして祈るときには、いつも賛美しているでしょうか。

さらに聖書を学ぶために

神は父であられる

ローマ人への手紙8章12－25節
マタイの福音書6章1－16節

考え、話し合うための質問

- 私たちが神を「私たちの父」と呼べる権利を与えるものは何ですか。なぜクリスチャンだけが、そのようにできるのですか。
- 祈るとき、私たちが神の子供であると認めるのが重要なのは、なぜですか。
- 「主の祈りは、家族の必要のためにとりなすように教えています」と言われるのはなぜですか。

いと高くあがめられ、永遠の住まいに住み、
その名が聖である方が、こう仰せられる。
「わたしは、高く聖なる所に住み、
砕かれた人、へりくだった人とともに住む。……」

イザヤ書57章15節

4 天にいます

祈りを促すのは神観です。神をどのような方として理解するか。祈りの活力は、そこに大いにかかっています。神に魅力を感じないと、祈りさえもなくなります（これがあなたの問題でしょうか）。『聖書の中の偉大な祈り』という題名の本が出版されたことがありました。聖書に限らずどこででも、その祈りが偉大である目印は、その祈りが偉大な神を強く意識しているところにあります。

主の祈りにおいても、神への呼びかけは、私たちに神を強く意識させます。「私たちの父」という言葉は、キリストに属する人々に対する神の愛の性質と深さとを物語っています。その愛とは、完全なる父が示すことのできる、絶えざる配慮と愛顧とのすべてです。「天にいます」という言葉によって示されるのは、私たちの父なる神は偉大であるという事実です。つまり神は永遠であり、無限であり、全能であるということです。そしてこの表現によってわかるのは、神の愛は、その目的において変わらず、無限で、不屈だということです。また私たちが祈るならば、私たちのすべての必要に応える以上のことがおできになります。このような考えに基づいて形づくられ、支えられる祈りは、退屈であるはずがありません。

天

神は霊であられるから、ここでいう「天」とは、私たちから遠く離れた、神の住んでおられる場所を意味してはいません。ギリシアの神々は、天上のバハマ諸島のような地上からはるか離れた場所で、ほとんどの時間を過ごしているかのように考えられていました。しかし、聖書の神はそうではありません。聖徒や御使いが住んでいる「天」を、一種の場所と考えることは認めましょう。なぜなら聖徒や御使いは、神によって造られた被造物として、時間と空間の中に存在しているからです。しかし創造者である神が「天にいます」と言うとき、私たちとは異なる場所におられるというよりは、異なる次元に存在されると考えるべきです。神が天におられるのと同時に、常に地上にいる子供の近くにおられることは、聖書全体を通して当然のこととされています。

礼拝

偉大なる神を知ると、私たちは謙虚にされ（身の程を知りなさい！）、礼拝へと促されます。「主の祈り」が教えてくれるのは、ただお願いをすることだけではありません。神が神であられることのすべてのゆえに、神を礼拝することも教えてくれます。こうして私たち自身の心の中で、御名が聖なるものとされるのです。栄光のうちにある聖徒と御使いは、父なる神を礼拝しています（エペソ3・14以下）。ですから、地上にいる私たちも、そうしなければなりません。

父なる神が天におられること、または（言い方を入れ換えて）天にいます神が私たちの父であられることを知るならば、私たちの驚きと喜びは増し加わります。また神の子供であるという特権を与えられ、神と交わるために祈りという「ホットライン」も特権として与えられていることに意識が高まります。「ホットライン」とは、まことに当を得た言葉です。というのも神は全世界の主であられるのに、常に私たちのために時間を割いてくださるからです。また瞬間瞬間、主の目はすべてのものの上に注がれているのに、それでも私たちが呼び求めればいつでも、私たちに完全な配慮を示してくださるのです。なんと驚くべきことでしょうか。しかし、そのことを私たちは本当に熟知しているでしょうか。このことは大いに考える価値があります。このことを正しく理解するために、私たちの思考は二本の道筋をたどることができます。

一方の道筋——まず偉大な神について考えてください。無限で永遠の創造者なる神で、「近づくこともできない光の中に住まわれ」（Ｉテモテ6・16）る方です。明らかに遠くにおられます。ソロモンの問いを考えてください。「神は、はたして人間とともに地の上に住まわれるでしょうか。実に、天も、天の天も、あなたをお入れすることはできません」（Ⅱ歴代6・18）。しかし次に、このソロモンの問いに対して、実際に神がどのように答えられたかを考えてください。「いと高くあがめられ、永遠の住まいに住み、／その名が聖である方が、こう仰せられる。／『わたしは、高く聖なる所に住み、／砕かれた人、へりくだった人とともに住む……』」（イザヤ57・15）。そして次に、自分自身のことを省みてください。私たちのように取るに足りない、罪深い死すべき人間のために、神が父となってくださったときに、最も深い意味において、この約束が成就したのです。私たちは罪人ですが、罪を悔い改めて砕かれ、本来ならば罰を受けて当然であることを認めてへりくだり、イエスを信じ、避け所を求めて逃げてきたのです。なぜならこのような恐れ多い、聖なる、超越した神が愛のうちに身を屈め、いうなれば、どぶの中から私たちを拾い上げ、ご自分の家族の一員として迎え、物惜しみしない交わりの中に加え、そこにおいてご自身を与え、そうすることによって私たちを永遠に豊かにしてくださるのです。

もう一方の筋道――神が父であられることを考えてください。そして神が「天に」おられることを思い出してください（「天にいます父」と私たちは呼んでいます）。その意味するところは、地上の親にあるような限界・不備・欠点が、神にはまったくないということです。また他のすべての人との関係においても同様ですが、神は父親として、あらゆる点から見てまったく理想的で完《かん》璧《ぺき》で栄光に富んでおられます。創造主である神にまさるすばらしい父、子供の面倒を見るためにこれほど犠牲を払う親、子供の幸せを豊かにするのにこれほど賢く寛大なお方はほかにいません。

この事実をよく思いめぐらしてください。

勢いのついた振り子が、どんどん振幅を大きくしていくように、あなたの思いをあちらへこちらへと動かしてください。「神は私の父、――父は天におられる神。父は天におられる神、――神は私の父！　信じられないことですが、これは事実なのです！」このことをしっかりと捉《とら》えてください。いやむしろ、このことに捉えられてください。そしてこのことについて、あなたがどのように感じているかを神に申し上げてください。そうすることが礼拝となるのです。主イエスの父であり私たちの父でもあられる方に呼びかけるとき、主イエスは右のように考えなさいと私たちに教えてくださいました。そのときに、このような礼拝が生まれるのです。

さらに聖書を学ぶために

超越した神との触れ合い

イザヤ書40章

考え、話し合うための質問

- 私たちが祈りをささげる神が天におられるという事実は、なぜ重要なのですか。
- 神は「私たちとは異なる場所におられるというよりは、異なる次元に存在される」とはどういう意味ですか。このことは、神について何を教えていますか。

• 偉大な神を知るなら、私たちはどのように応答すべきですか。

私たちにではなく　主よ　私たちにではなく
ただあなたの御名に　栄光を帰してください。

詩篇115篇1節

5 御名が聖なるものとされますように

もし、ただ自由に祈っていいですよと言われたら、最初から最後まで私たちは自分のことばかり祈るでしょう。私たちは生まれながら自己中心であって、とどまるところを知らないからです。言うまでもなく、このような大いに不信仰な祈りが、クリスチャンだといわれている人たちの間にもはびこっています。しかし、私たちのように霊的に不完全な者にとって、このイエスの模範的な祈りは、杖《つえ》となり、道筋となり、歩くための訓練ともなってくれます。そしてこの祈りは、まず神から始めるようにと教えています。その第一課では、私たちよりも神のほうが、無限に重要であることを学びます。ですから「御・み」(「御名」と「御国」の「御」、「みこころ」の「み」。どれも神を指す)は、最初の三つの請願において鍵《かぎ》となる言葉です。そして最初の請願は「御名が聖なるものとされますように」です。これは主の祈り全体の中で最も重要かつ基本的な願いです。これを理解し自分のものとするならば、祈りと生活の両方において、その秘訣《ひけつ》の鍵を開けたことになります。

神に栄光があるように

「御名が聖なるものとされますように」とは何を求めているのでしょうか。聖書において、神の「御名」は決まって、神がご自分がいかなるものであるかを啓示された人格を意味します。「聖なるものとされますように」とは、神が聖なる方として知られ、感謝され、尊ばれますようにという意味です。「聖」とは、聖書の用語として、神を私たちとはまったく異なる存在にし、特に神の恐るべき力と聖《きよ》さを指し示します。ですから、この請願が求めていることは、すべてのことが、聖書の神のみを賛美し崇敬する結果になるようにということです。

「神にのみ栄光があるように」という標語は、ジャン・カルヴァンとその後継者の特徴を表しています。このように考えることは、彼らにとって決して不名誉なことではありませんでした。しかし、このことはキリスト教の他のすべての教派を非難する横槍となりました。しかしながら、実際のところ、自分自身をひけらかすのではなく、神を賛美することは、人生の正しい目的であると、程度の差はあれ、キリスト教思想のすべての学派がはっきりと主張しています。「主よ　私たちにではなく／ただあなたの御名に　栄光を帰してください」（詩篇115・1）

方向感覚

誰《だれ》がこの願いを祈り、口に出すことができるのでしょうか。これは人生のすべてを「御名が聖なるものとされますように」という観点から見ている者にのみできることです。このような人は、神の贖《あがな》いばかりに目を奪われて、自分が被造物であることを無視するような、極端な精神主義の罠《わな》に陥ることはありません。精神主義者は、どんなに献身的で善意であったとしても、いろいろな意味で非現実的であり、彼ら自身の人間としての価値を傷つけてしまいます。反対に、人生のすべてを「御名が聖なるものとされますように」という観点から見ている者は、すべてのものは究極的に創造者の御手から発していると考えます。それゆえ人間が造り出すものは何であれ（神学や教会に関わることに劣らず、美・性・自然・子供・芸術・工芸・食物・遊戯なども）、根本的に善であり魅力的であると見なします。そして、そのような人は感謝と喜びをもって生活し、自分と同じように他の人も、そうしたことの中に人生の価値を見いだし、神を賛美するように助けます。この上もなく暗く単調な時代において、すばらしい被造物に感謝する態度から、御名が聖なるものとされることが始まるのです。

しかし、ここで止まってはなりません。神の御名が聖なるものとされるならば、すばらしく恵み深い神の贖いのみわざもほめたたえる必要があります。贖いのみわざにおいて、知恵と愛と力と真実とが、目もくらむばかりに輝いて溶け合っています。知恵によって、神は不義なる者を公正に義と認める手段を見つけ出されました。愛をもって神は御子を遣わされ、私たちのために死の苦しみを味わわせられました。義のために、神は御子を私たちの身代わりとされ、不従順な私たちが受けるべき刑罰を受けさせられました。御力をもって、神は私たちをよみがえられたキリストに結びつけ、心を一新し、罪のきずなから解放し、悔い改めて神を信じるようにされます。そして約束されたとおりに、真実をもって私たちを堕落から守り（ヨハネ10・28以下、Ⅰコリント1・7以下、Ⅰペテロ1・3－9参照）、ついには勝利をもって最終的な栄光へと導き入れてくださいます。

私たちは自分で自分を救うのではありません！　救いをもたらす父の恵みも、御子の救いのみわざも、救いへと導く私たちの信仰も、私たちの中から始まったのではありません。すべては神からの賜物《たまもの》です。始めから終わりまで、救いは主によるのであり、神の御名を聖なるものとするならば、私たちはこのことを認め、また、このすべてのことのゆえに、神を賛美しあがめるようになります。

これですべてではありません。御民の究極的な善のために、すべてのことを整えたゆえに（ローマ8・28参照）神が礼拝され、また真実で信頼できるみことばのゆえに神が礼拝されるようになるとき、はじめて十分に神の御名が聖なるものとされるのです。このみことばを、すべての信じる者は「私の足のともしび／私の道の光」（詩篇119・105）として尊ぶべきです。「あなたがご自分のすべての御名のゆえに／あなたのみことばを高く上げられたからです」（詩篇138・2）と詩篇の記者が言っているように、私たちも応答してそのように言うべきです。まるで御父がこの世界を統治できなくなったかのように、神の子供たちが恐れながら生活するなら、神の御名すなわち神ご自身は恥を被られます。あるいは、まるで神の子供たちが長兄イエスの模範に従おうとせず、また父ご自身からの指導である聖書の教えも約束も受け入れないで、不安な生活を送るならば、神ご自身が恥を被られます。残念なことに今日、このようにして神の御名を聖なるものとすることについて、私たちは大いに失敗しています。

　聖なるものとすることは、徹頭徹尾、感謝することによってなされます。神が恥を被られるのは、人間が神を認めず感謝の思いを欠くからです。パウロが指摘するように、これが人間が神から離れた根本原因です（ローマ1・20以下）。ただ知るだけではなく、感謝することにより、また喜んで従うことによって感謝を表すならば、私たちは創造者をあがめ、栄光を帰すことになります。「御名が聖なるものとされますように」ということばは、私たち自身がすべての生けるものと共に、このようにして神に栄光を帰すべきであるという情熱を表現しています。

　神の御名を聖なるものとする精神とは、主を「恐れる」ことである、と聖書はいいます。これによって神の尊厳に対する畏怖《いふ》と敬意を表す一方、他方では謙虚に信頼すること（そうです。信頼であって、不信や恐れではありません！）を表します。これについて定番の聖書箇所は詩篇111

篇です。「主に感謝をささげよう。……主のみわざは偉大。……そのみわざは威厳と威光。……御手のわざは真実と公正／そのすべての戒めは確かである。……ご白分の契約をとこしえに定められた。／主の御名は聖であり　恐れ多い」。そして「知恵の初め［いのちの道を見分ける方法］それは主を恐れること［神のみわざとみことばに対して賛美をもって応答すること。詩篇はこのことを述べている］」です。

尊敬を表す昔からのことば、「神を恐れる」（今日ではめったに使われません。おそらく、そう言われるのにふさわしい人がほとんどいないからでしょう）には通常、敬虔《けいけん》という意味だけでなく、良識と成熟した人間性という意味も含まれています。こうして、この二つのことは共存するという、先人たちの理解を反映しています。真に神の御名を敬うならば、真の知恵にたどり着くということです。この知恵は現実的で怜悧《れいり》です。もしクリスチャンが愚かで浅薄であるならば、『御名が聖なるものとされますように』、とはどのような意味なのか、まだ学んだことがないのですか」と問わなければなりません。

人のおもな目的

「人のおもな目的は、神の栄光を現し、永遠に神を喜ぶことです」と『ウェストミンスター小教理問答書』にあるのは、とてもすばらしいことです。「目的」という言葉が単数形であることに注目してください。というのも二つの行動――栄光を現し、永遠に喜ぶ――は一つだからです。神の主要な目的は、そのなされるすべてのわざにおいて、ご自分の栄光を現すことです（これ以上の目的を、神は持つことがおできになるでしょうか）。そして神が私たちを造られたとき、私たちが賛美と献身と奉仕によって神の御名を聖なるものとするときに、私たちが最も深い満足と最高の喜びを見いだすようにされました。神はサディストではありません。信じようが信じまいが（もちろんサタンと同じように、多くの人は信じていませんが）、私たちが創造されたときの原則は、私たちの義務感・興味・喜びが完全に一致することでした。

神のみこころとは常に不愉快なものだという不信仰な考えに、クリスチャンはとらわれすぎています（ついでながら、これは神をとてもおとしめることです）。ですから神のみこころを行うとは、まるで殉教者になるようなものだというのです。クリスチャン生活においては、義務感と喜びとが相伴うのが真理であると、自分自身の経験で実証されているのに、最初はそれにほとんど気がつきません。しかし実際のところ、義務感と喜びは相伴っているのです。このことは、これからの生活の中で、さらに明らかになることでしょう。神の御名が聖なるものとされることを生涯の任務として献身するとき、私たちの生活は決して楽しいドライブのようにはなりませんが、ますます喜びの湧《わ》く道となります。そう信じることができますか。さて、プディングの味は、食べてみなければわかりません。試してみてください。必ず納得するでしょう。

さらに聖書を学ぶために

神の御名がほめたたえられる

詩篇148篇

考え、話し合うための質問

- 私たちが自由に作る祈りのかたちと主の祈りとはどのように違うでしょうか。
- 自分自身の言葉で表現するならば、「御名が聖なるものとされますように」はどのような表現になりますか。
- 究極的にはすべてのものが神から来ているという信仰は、私たちの人生観にどのような影響を与えますか。

「時が満ち、神の国が近づいた。悔い改めて福音を信じなさい。」

マルコの福音書1章15節

6　御国が来ますように

主がご自分の世界を支配しておられるという意味で、「主が王である」とは聖書においては当然のこととされています。しかし神の王権と、神の王国とは別物です。王権とは、事実として天地万物を創造なさったことであり、一般的に摂理と呼ばれています。王国とは現実となった贖罪《しょくざい》であり、いみじくも恵みと呼ばれています。

この区別は、しっかりと聖書に基づいています。けれどもその区別は、聖書の語彙《ごい》では示されていません。御国は旧新約聖書の両方で用いられ、天地万物に及ぶ神の主権による支配と、イエス・キリストによる個人に対する贖《あがな》いという両方の文脈で使われます。主の祈りの「御国が来ますように」は、贖いにおける神の関わり方という意味で用いられており、「国……は、……あなたのものだからです」は天地万物に及ぶ神の主権の意味で用いられています。

主権者であられる神は、すべての人の生活と行動を支配しておられ、その人々の中には意図的に神をあざける不従順な者も含まれています。ひどく昂《こう》じた兄弟喧嘩《きょうだいげんか》で、カインの弟殺しに勝るものはありません。ヨセフの兄たちはヨセフを奴隷に売り飛ばし、父親には「死んだ」と言いました。しかし、こうしたことを超えて神は支配しておられました。それゆえ後に、ヨセフは次のように言うことができたのです。「あなたがたは私に悪を謀りましたが、神はそれを、良いことのための計らいとしてくださいました」（創世50・20）。「不法な者の手によって」エルサレムのユダヤ人はイエスを「十字架につけて殺したのです」。しかし、こうしたことをも超えて神は支配しておられたので、イエスを「神が定めた計画と神の予知によって引き渡された」のでした。そしてイエスの死によって世界は贖《あがな》われたのでした（使徒2・23）。

しかし、このような超越した支配は、恵みによる神の統治とは別物です。恵みによる統治は、人の心や生活の中にあるもので、この人は悔い改めと信頼をもって神の権威にひざまずき、悪から救い出されて、義の道に導かれることのみを望みます。そして、私たちがイエスを王とするとは、まさにこのようなことなのです。

イエスと御国

ですから神の御国とは場所のことではなく、むしろ関係のことです。人々がイエスを自分の人生の主としてお迎えするところなら、御国はどこにでも存在するのです。「神の国が近づいた」と言ってイエスが宣教を始められたとき、長いあいだ約束されていた神の救いという喜びについて語っておられたのです。この救いは、イスラエルが待ち望んできたことで、それが今ここに到来し、イスラエルはその中に入ることができるというのです（マルコ1・15）。どのようにすれば、そこに入ることができるのでしょうか。その問いに対して、福音書はきわめて十分に答えています。つまり、イエスの弟子となること、イエスに忠誠を尽くし、人生を造り直していただくこと、イエスから赦しをいただくこと、イエスの思いを自分の思いとすること、掛け値なしにイエスを愛すること、他の何ものよりもイエスの要求を第一とすることです。端的にいうなら、パウロのいわゆる「愛によって働く信仰」（ガラテヤ5・6）を告白することです。この信仰とはイエス・キリストを、ペテロの言葉を借りるならば、「主であり救い主」（Ⅱペテロ1・11、2・20、3・2、18）として認め、受け入れることです。

この信仰を、イエスはニコデモにも示されました（ヨハネ3・1－15）。聖霊によって根本的に内側が変革されなければ、誰《だれ》も御国を見ることも入ることもできない、とイエスは語られました。このことをイエスは「新しく生まれ」（3－8節）ると述べておられます。この箇所が教えているように、聖霊の助けによらなくては、誰も御国に入れません。また高慢になって、聖霊など要らないと言ってはなりません。また神が必要だと思われるときに、変えられることを拒んではなりません。

御国はイエスとともに到来しました。そうです。受肉された神の御子として、イエスは人として現れた神の御国ともいえるでしょう。クリスチャンに対するイエスの支配は、まったく聖書的な意味で王者にふさわしく、人格的・直接的・絶対的です。イエスの主張は神の主張であって、人間の主張をすべて凌駕《りょうが》します。とはいっても、イエスの支配は暴君のようではありません。なぜなら王としてのイエスは民のしもべ・羊飼い・擁護者であり、すべてのことを整えて、民を守り豊かにしてくださるからです。「わたしのくびきは負いやすく、わたしの荷は軽いからです」（マタイ11・30）

イエスはまた、御国の家族にあって民の兄弟であり、ご自身も「権威の下にある者」（マタイ8・9）として地上で生活されました。イエスご自身は多くのことを成し遂げられなければなりませんでしたが、私たちには、それほど多くを要求なさいません。実に、無理なことは要求なさいません。イエスの支配はその性質として、独裁者のようではなく、牧会的な配慮があります。「わたしは良い牧者です。わたしはわたしのものを知って……います」（ヨハネ10・14）

「偉大なダビデよりも偉大な御子」が弟子たちになさった第一にして根本的なみわざは、神の約束に従って彼らを罪と死から救うことでした。ですから神の御国とは恵みの領域であり、そこでは罪によってもたらされた損傷が修復されます。そして御国とはどのようなものかを、恵みの福音が明らかにします。

現在と未来

ある意味では、御国は今ここに到来しており、クリスチャンはその中にいます。しかしもう一つの意味、つまりこの世界において神の恵みが完全に実現するという意味においては、御国はまだ未来のことであり、キリストの再臨を待たなければなりません。「御国が来ますように」という祈りは、その日を待望するものです。しかし、これだけでは御国の意味はまだ尽くされていません。恵みによる神の主権を新たに示してほしいという願いは何であれ――それはこの世界における教会の刷新であったり、罪人の回心であったり、悪の抑制であったり、善の促進であったりするのですが――、それは「御国が来ますように」という請願をさらに詳細に説明しています。主の祈りの中に、全般的なとりなしの祈りはありますかと尋ねられたら、答えは、ここになります（そしてもし、「なぜわざわざとりなしの祈りをするのですか」と尋ねられたら、答えは「『御国が来ますように』と祈るように教えられているから」です）。

個人的な課題

「御国が来ますように」と祈ることは心を探られ、またきついです。というのも「まず私がそうできるようにしてください。あなたに完全に従う者としてください。『神の国のために働く私の同労者』(コロサイ4・11)の中に私も入れてください。できるかぎり私を用いて、御国を進展させ、私の祈りに応えるために、私自身を用いてください」と付け加える心構えがなければならないからです。心から祈るというのであれば、この祈りは次のような意味になります。「救い主よ、あなたは私たちに自分を捨て、十字架を負うようにお求めになり、また福音に仕える中で、何らかのかたちで、命を失うこともよしとしておられます。まったくあなたの御旨のとおりに私たちを用いてください」。本当にこのように求めますか。このような事態に直面しましたか。誰《だれ》もが自分自身を吟味してください。そうしてから――そうしたときにのみ――、主の祈りが祈れるのです。

さらに聖書を学ぶために

神の御国(=天)

マタイの福音書13章1―52節

考え、話し合うための質問

- 「神の御国とは場所のことではなく、むしろ関係のことです」に同意しますか、しませんか。その理由は何ですか。
- イエスは王であられました(そして今もそうです)が、暴君ではないというのは、なぜ正しいのですか。

●理解できる範囲でいいので、「御国が来ますように」という祈りの今日的な意味を考えてください。

「わが父よ、できることなら、この杯をわたしから過ぎ去らせてください。しかし、わたしが望むようにではなく、あなたが望まれるままに、なさってください。」

マタイの福音書26章39節

7 みこころが……行われますように

私たちがどのように生きるべきかについて、主の祈りの一言一句が、主のビジョンを映し出しています。つまり天にいます私たちの父の愛に対して、私たちの人生は首尾一貫した、生活のすべてを包括する応答であるべきだ、ということです。そうすることによって日々刻々、私たちは神の栄光を求め、神の配慮に信頼し、みことばに従うのです。ですから、もし主の祈りを理解して真心から祈ろうとするなら、私たちはこのビジョンを自分のものとしなければなりません。「御名が聖なるものとされますように。御国が来ますように」と祈るとき、心の中で「私の中で、また私を通して」という言葉を付け加えるべきです。こうして新たに自らを神にささげて、できるかぎり、自分自身が自らの祈りに応える器となるのです。「みこころが……行われますように」と言うとき、この祈りは、「神の民と共に、私自身が従順を学べますように」という意味であるべきです。

この箇所では、ほかのどの箇所にも勝って祈りの目的がはっきりとしています。神に自分の願いを実行させるのではなく（これは魔術を行うことです）、自分の思いを主のみこころに合わせるのです（真の信仰を実践するとは、このようなことです）。

わたしの願うようにではなく

このように理解すると、「みこころが……行われますように」と祈るためには、またある種の祈りが必要となります！　自分を捨てていないのに、神のみこころを行ってくださいと真剣に求めることはできません。というのも、日常の仕事に取りかかるたびに、いつも気がつくのですが、自分がしたい、あるいは実現してほしいと願っているのは、神のみこころよりも、むしろ自分の思いだからです。「この世を支配する者」（ヨハネ14・30）であるサタンが治めるこの堕落した世にあって、私たちは常にあらゆる逆流に直面しています。ですから、自分自身をささげて神に忠実でありつづけなければ、このように祈ることはできないのです。

ルターはこの祈りの言葉を次のように説明しています。「父よ。みこころが行われますように。悪魔の意思であってはいけません。またあなたの聖なることばを投げ捨てたり、御国の到来を妨げたりする者たちの思いであってもいけません。またそのために、私たちが耐え忍ばなければならないことはみな、忍耐をもって担い、克服できるようにしてください。そうでなければ、私たちの哀れな肉体は、弱さや怠惰のために屈服したり妥協したりしてしまうでしょう」。なぜなら、みこころが天で御使いたちの間で行われるのと同じように、地でも私たちの生活の中で神のみこころが行われるようにしようとするなら、私たちは大変な闘いに巻き込まれるからです。

ゲッセマネにおいて、イエスがこの祈りを口にされたとき（マタイ26・39、42）、この願いにはどのような意味があったのか見てみましょう。受肉されたイエスは、精神が阻喪しそうな恐怖のまっただ中におられました。そのような恐怖に襲われたのは、ただ肉体的な苦痛や外面的な恥を受けそうだと予期されたからではありません（立派な大義名分があるなら、その程度のことくらい、強い人ならそんなに騒がずに耐えることができます）。このような恐怖に襲われたのは、罪とされ、十字架の上で父から捨てられるとわかっておられたからです。「この方のような理由で死を恐れた人は誰《だれ》もいない」と言ったルターは正しかったのです。これが、その理由でした。

イエスの存在全体が、死のゆえに尻込みされました。しかしイエスの祈りは変わることなく、「わたしが望むようにではなく、あなたが望まれるままに」（39、42節）でした。このように祈ることが、どれほど辛《つら》かったか、私たちは決して知ることができません。私たちが神のみこころを受け入れるためには、どれほどの犠牲が必要になるかも、私たちはいうことができません。おそらく、イエスと同じくらいでしょう。

神のみこころを受け入れる

主の祈りとゲッセマネの物語の両方に出てくる「行われます」のギリシア語は、直訳すると「起こります」になります。ここには、神のみこころが二つあります。一つは、起こる出来事に関する神の目的であり、もう一つはご自分の民への命令です。前者との関係では、「みこころが行われますように」とは、柔和な精神を表しており、これは神が与えてくださるものは何であれ、または与えてくださらないものが何であれ、不平を言わずに従います、という意味です。後者との関係では、神にお願いして、私たちがなすべきすべてのことを教えていただき、またその任務を果たすための意志と能力もいただけるようにお願いします、という意味です。この願いを心から祈ることができますか。これは見た目ほどは易しくありません。

神のみこころを見いだす

けれども神が私たちに望んでおられることは、どのようにして知ることができるでしょうか。神のみことばと自分自身の良心に注目することです。また状況が許す範囲を考慮し、助言も乞《こ》うて自分の状況判断が正しいかどうかを確認します。また何が正しいかについて、十分に洞察できているかどうかも確認します。神のみこころに関する問題はいつも、他のクリスチャンとやり取りしていくうちに明らかになります。

自分自身の内側の状態も、また重要です。「だれでも神のみこころを行おうとするなら」、イエスとその教えとが神から出ていることを知る（ヨハネ7・17）ばかりでなく、もしその人が道を外れても「あなたが右に行くにも左に行くにも、／うしろから『これが道だ。これに歩め』と言うことばを、あなたの耳は聞く」（イザヤ30・21）のです。これが約束です！　あなたが神に心を開いているなら、神はあなたを教え、必要な導きを与えてくださいます。

神のみこころがはっきりしないときは、できることなら待ってください。どうしても行動を起こさなければならないなら、最善だと思う決断をしてください。もしあなたが正しい道に進んでいないなら、神はすぐに教えてくださいます。

神との契約

この章を閉じるに当たり、メソジスト教会が元旦礼拝で行う契約更新のすばらしい式文から抜粋します。これは私たちが今ここで言うべきことです。更新された契約の中で、「イエス・キリストにおいて宣言なさったことをすべて」神は私たちに約束してくださいました。私たちのほうでも、「もうこれ以上、自分自身のためには生きませんと誓います」。このことを思い起こさせた後で、指導者は次のように言います。

主なる神、聖なる父よ。あなたはキリストを通して私たちを召し出し、この恵み深い契約にあずからせてくださいました。私たちは自ら喜んで従順のくびきを負います。また、あなたを愛するがゆえに、あなたの完全なみこころに目を留め、実行すると約束します。

それから、すべての礼拝者が次の言葉を唱和します。これは一七五五年に、ジョン・ウェスレーがこのために、ピューリタンのリチャード・アレンの著作から引用したものです。

私はもはや私のものではなく、あなたのものです。あなたが望まれる場所に私を置いてください。あなたが望まれる人と私を組ませてください。私に実行させてください。私を受け身にさせてください。あなたのために用いてください。あなたのために退かせてください。あなたのために引き上げ、あなたのためにへりくだらせてください。私を満たし、また空《から》にしてください。すべてのものを持たせてください。また何も持たせないでください。あなたの喜ぶまま、あなたの意のままに、自ら喜んですべてのものをお委《ゆだ》ねします。

そして今、栄光と祝福に満ちておられる神、父・御子・御霊よ。あなたは私のものであり、私はあなたのものです。しか、あれかし。この地上で結んだ契約を、天においてもお認めください。アーメン。

聖書をさらに学ぶために

神のみこころ

使徒の働き20章16節－21章14節

考え、話し合うための質問

- 祈りの本当の目的は何ですか。その目的のために祈っていますか。
- 自分を捨てることと祈りとは、どのような関係にありますか。
- 私たちの人生において神のみこころを見いだそうとするとき、問題となることは何ですか。そうした問題には、どのように対処したらよいでしょうか。

みこころが天で行われるように、
地でも行われますように。

マタイの福音書6章10節

8 天で行われるように、地でも

三つの教理的な陳述が、主の祈りを結び合わせています。最初の二つは呼びかけの中にあります。神はクリスチャンの父であり、かつ天におられるということです。三つ目は、前半の三つの請願を締《し》め括《くく》っています。それは「みこころが天で行われるように」です〔英語の語順では、三番目の請願は「みこころが地でも行われるようにしてください、ちょうどそれが天で行われるように」となっている〕。第一の陳述では、神は善良であられると述べています。十字架によって私たちを贖《あがな》い、神の家族に迎え入れてくださったからです。第二と第三の陳述では、神は偉大であり力があると述べています。この三つの真理は、一つとなってクリスチャンの希望を指し示しています。父として神は永遠から私たちを愛し、最善をなすと誓っておられるのです。

天

創造の主は天で支配しておられるので、この地上にいる被造物のように、時間と空間によって制限されることはありません。神はご自分の意図を成し遂げられる、と信頼することができます。私たちはどんなに簡単なことをする場合でも、失敗するおそれがあります。しかし、神は栄光ある方で、どんなに困難なことであっても、計画されたことはすべて成し遂げられます。

あわれみをもって始められたみわざは
力ある御腕をもって成し遂げられる
主の約束では然《しか》りが然りとなる
決して損なわれることはない

未来のことも現在のことも
上なるものも下なるものもすべて
神の目的を妨げることはなく
神の愛から私のたましいを切り離すことはない

「みこころが天で行われる」とイエスが言われたとき、超越した御父よりもむしろ被造物の共同体を念頭に置いておられました。この被造物は、私たちと同じように知性を持っていますが、より神に近いところで生活しています（私たちがこの世界で許されている以上に、この被造物は神の存在を享受しているという意味です）。この被造物は、私たちがこの世では決してなしえないほど、全身全霊で夢中になって神にお仕えしています。これが最も一般的な意味で、「天」という言葉が意味するところです。クリスチャンが死んだら「行く」ことになる「天」とは、いのちの状態を表しており、この地上において私たちが過ごす時間はすべて、そこに至るまでの準備と訓練の期間となります。

この意味において、天は現在の生活よりもはるかに重要です。地上の生活が一時的であるのに対して、天は永遠に続くからだけでなく、この地上では、いかなる関係も完全には楽しむことができませんが、来《きた》るべき世においては完全に楽しむことができるからです。今日の心理学者の識見から学ぶだけでなく、聖なる三位一体が究極的な現実であるという事実からも学べるように、交わりこそが、本当にいのちに関わる事柄のすべてです（これは本当のいのちであって、単なる意識とは違います）。御父・御子・聖徒との交わりが確かに、天に関わることのすべてなのです。新約聖書において、天が都（黙示録21章）、祝宴（マタイ8・11、ルカ22・29、30、黙示録19・9）、礼拝する民（ヘブル12・22－24。黙示録7・9－17参照）として表されているのは偶然ではありません。こうした描写が描いているように、天とは共にいることを経験することなのです。この交わりは、神との交わりであれ同信の友との交わりであれ、今まで知っているどのような交わりよりも、さらに親密で喜ばしいものです。

『天国と地獄の離婚』の中でC・S・ルイスが想像している地獄は一つの国で、そこでは人々が常に散らばっていて、お互いからできるだけ遠く離れています（サルトルが『出口なし』で描いている地獄はまた違っていて、どんなに地獄にふさわしい悪行を行っても、人々は他の人から決して離れられないことになっています）。しかし天において聖徒たちは、お互いに近くにいます。それは聖徒たちが御父や御子に近くいるのと同じです。そして互いに近くいることを喜んでいます。近いことが、喜びを増し加えるのです。

声を大にして強調しますが、聖書は彼岸的です。聖書が主張するように、あらゆる点において、天の生活のほうがこの地上での生活よりも優れていて、栄光があります。しかし、天はどのようなものですかと質問するなら、聖書の答えは要するに、「待ち望みなさい（ローマ8・24参照）。そして、天はあなたの現在の経験をはるかに超えているので、想像することすらできない、と悟りなさい」です。天は、ある種の秩序がある現実なのですが、私たちが知っているような時間や空間によって制限されることはありません。私たちは肉という性質があるために、この世界に繋《つな》ぎ留《と》められているのですが、天はそのような世界に場所として示すことはできないし、定義することもできません。すでに述べたように、私たちにわかるのは次のことだけです。すなわち、天の住人（「奉仕する霊」である御使いと「完全な者とされた義人たちの霊」）にとって、天とは神および神にある他の人々と完全な交わりを享受できる状態、そして主の臨在のもとにあって完全に満足している状態なのです。聖書には黄金の都や盛大な宴会について記されていますが、こうした描写が伝えようとしている真理をさらに詳しく述べれば、右記のようになるのです。

しかし、この完全な交わりを享受するためには、神が無制限に与えるだけでは足りません。神のしもべである御使いや人間も、制限を設けずに応答しなければなりません――これはつまり、神のしもべたちを通して、あるいはしもべたちの中で、神のみこころが十分に実現することを意味します。ですから神のみこころを行うとは、天の定義の一部であり、天の栄光の一部なのです。天において神のみこころを行う十分な能力を備えた者たちには、そのような栄光を神は与えてくださいます。

賛　美

なぜイエスは「天で行われるように」に続いて「地でも行われますように」と言われたのでしょうか。確かにそこには二つの理由があります。

第一に、この点でイエスは希望を掻《か》き立《た》てられたかったからです。地上の混沌《こんとん》は、この祈りを嘲笑《あざわら》っています。しかしながら、神はすでに天でみこころを完全に成し遂げられたことを、イエスは私たちに思い起こさせることによって、この地上においてもなお、大いなるみわざを見るこ

とができるという希望を、イエスは私たちに掻《か》き立《た》てられました。「主にとって不可能なことがあるだろうか」（創世18・14）

これで終わりではありません。イエスの第二の目的は、賛美を起こさせることです。嘆願《たんがん》は疲弊させますが、賛美は活力を与えます。イエスにとって、骨の折れる二つの請願が続くとき、その間に休息と賛美の瞬間――「父よ。天において、あなたのみこころがなされます。ハレルヤ！」――を差し挟むことは、霊的なハーフタイムで一息つくようなものです。それによって、とりなしという戦いのために、力が新たにされるのです。ここでイエスは、賛美は祈りに力を与え、祈りを一新するという貴重な教訓を教えておられます。イエスに耳を傾けましょう！

さらに聖書を学ぶために

地と天

ヘブル人への手紙12章

考え、話し合うための質問

- 神が時間と空間に制限されないことは、なぜ重要なのですか。
- 神との完全な交わりを享受するために必要な要素とは何ですか。

●「歎願は疲弊させますが、賛美は活力を与えます」とはどういう意味ですか。

まず神の国と神の義を求めなさい。そうすれば、これらのものはすべて、それに加えて与えられます。

マタイの福音書6章33節

9　私たちの日ごとの糧を

神の御名と御国とみこころに焦点を当てたあと、主の祈りは私たちの食物に注意を向けます。これはがっかりさせることでしょうか。決してそうではありません。これは本当の発展なのです。なぜ、そういえるのでしょうか。

まず第一に、最初の三つの請願を真剣に祈る者は、自分自身をまったく神に委《ゆだ》ねています。そうなると、真剣に祈る力をいただくために食物を求めるのは、自然であり筋が通っています。胃袋のことを心配しすぎると批判されたとき、ジョンソン博士はこう答えました。「胃袋の必要を無視する者は、間もなく何事にも配慮ができない状況に陥るだろう」。現実主義的なキリスト教でしょうか。そうです、まさにそのとおりです。

第二に、実際のところ一瞬一瞬、私たちは父なる神であられる創造者に依存しています。神のおかげで、私たちもその他の天地万物も存在しています（神のみこころなしには、何ものも存在しえません）。また神は、自然の規則的な営みを支えておられます。そのおかげで毎年、時が来れば種を蒔《ま》き、収穫し、店先に作物が並ぶのです（創世8・22参照）。ですから祈りの中で常に、私たちがこのように支えられていることを覚えるのは正しいのです。特に私たちのこの時代のように、自然は自律して自らの営みを支えていると思い込み、神は現実に存在するのかと疑問を感じている時代には、そうです。

個人的・物質的な必要のために祈ることは程度の低い祈りであると見なす人がいます。それはあたかも、生活の物質的な側面には神は関心を寄せておられないのだから、私たちもそうすべきだといわんばかりです。しかし、そのような極端に霊的な考え方は、実のところ霊的ではなく自己本位な振る舞いです。

コロサイ人への手紙2章23節でパウロが警告しているように、人間の考え出した禁欲主義は肉のほしいままなる欲望（つまり罪深い自己）に対して何の効き目もないことに、注目しましょう。最も世俗的な必要に至るまで、すべての人の必要を満たす唯一にして万能の源なる神を仰いで祈ることは、真理を指し示しています。また自分自身に自給自足は無理であると認めることが、私たちを謙虚にさせるように、神への依存を認めることは、神をあがめることになります。（例えば）罪の赦しを求めるのと同じように、日ごとの糧を求めて祈るのが必要かつ重要であることを理解しなければ、私たちの心も精神も正しくならないのです。

第三に、神のしもべたちに必要な食物があるように、神は本当に心にかけておられ、イエスは四千人また五千人に給食を与えられました。神は霊的な必要と同じように、物質的な必要にも配慮しておられます。神にとって基本的な分類区分は人間の必要であって、そこには霊的な必要と物質的な必要の両方が含まれています。

からだ

この祈りは、からだをどのように見なすべきか、について教えています。現代の異教徒のように、からだを神格化したり、健康や美容それ自体を目的としたりすることは、クリスチャンの見方ではありません。また古代の異教徒のある者たち（そして残念ながらクリスチャンもまた）がかつてしたように、みすぼらしさを美徳として、からだを軽蔑《けいべつ》することでもありません。むしろ自分のからだを神のすばらしい創造の一部として受け入れ、からだを手入れし管理し、すでにしていることではありますが、感謝をもって喜ぶことです。このようにして、からだを造られた方をあがめるのです。キリストの弟子にとって、こうして喜ぶのは決して霊的でないとはいえません。なぜならキリストの弟子にとって、からだは救いと同じように、神からの無償の賜物《たまもの》だからです。

聖書はあらゆる陰気な禁欲主義と対立します。聖書のいうところによれば、健康も健全な食欲もよく動く身体も結婚も、神からいただいたものとして喜ぶならば、さらにそれを楽しむために喜ぶべきだからです。このように楽しむことは、（これがすべてだとはいいませんが）神に対する私たちの義務の一部であり、奉仕の一部でもあります。なぜなら、そうしなければ、私たちはよき賜物《たまもの》に対して、まったく感謝をしていないことになるからです。

スクルーテイプ〔C・S・ルイスの小説『悪魔の手紙』の主人公〕が（いやいやながら）言っているように、「彼（クリスチャン）は実際のところ快楽主義者だ」。神は喜びを高く評価しておられます。そして喜びを与えるのが、神の喜びなのです。あるラビたちは、いみじくも言ったものです。「さばきのときには、神は私たちに喜びを突きつけて責められるであろう。それは、神がせっかく私たちに与えてくださったのに、私たちが無視したあらゆる喜びである」。神の栄光を現すために、私たちは自分自身を――そう、からだも含めて――喜ぶことをわきまえているでしょうか。

物質的な必要

「私たちの日ごとの糧〔英語では、パン〕」のために祈るべきだ、ということに注目してください。自分自身のために求めるだけでなく、他のクリスチャンのためにもとりなすことが、ここに現れています。そして古代においても現代においても主食である「パン」はこの場合、生活のすべての必要と、その必要を供給する手段をも表しています。このように「パン」とは、すべての食物を意味しています。したがってこの祈りは農夫のためであり、また飢饉《ききん》に対抗する祈りでもあります。また衣服や住居や肉体的な健康にまで及びます。したがって社会や医療に従事する人たちのためのとりなしにもなります。この祈りはまた、金銭や収入を得る能力にも及びます。そこでこの祈りは、貧困や失業や、この二つを生み出したり、長引かせたりする国家政策に対する叫びにもなるのです。「支配者は紋章の中に獅子《しし》ではなく、むしろパンを描いてほしい」とルターは言いました。そうすれば、人民の福祉がまず優先されるべきことを、支配者は思い出すだろうというのです。主の祈りでこの項目を祈るときに、権威ある立場の人のために祈るのが最もふさわしい、とルターは勧めています。

日ごとに

この項目を「私たちに必要なパンを今日も（毎日）お与えください」とJ・B・フィリップスが訳したのは正解です。イスラエルが毎日、日ごとに、マナを集めるように命じられたのと同じように、私たちも毎日パンを求めるように命じられています。一日一日ごとに、絶えず神により頼んで生活するのが、クリスチャンの生き方です。また私たちは必要なパンのために祈るべきです。すなわち必需品を求めるのであって、なくてもすむ贅沢品《ぜいたくひん》は求めません。この祈りは貪欲《どんよく》を是認しません！　さらには、祈っているのに求めたものが与えられない場合もあります。それは神の摂理による応えであって、結局のところ、それは本当は必要ではなかったことを神は教えておられるのです。このようなことに対しても、私たちは備えていなければなりません。

ここに信仰の本当の試金石があります。あなたはクリスチャンとして、(私が推測しますのに)今日の糧のために祈られたことでしょう。それではマタイの福音書6章33節の約束に基づいて、あなたに与えられた結果が多くても少なくても、それは神からのお応えであると、いま信じていますか。またそれに基づいて、その結果に満足し、感謝していますか。どうぞ答えてください。

さらに聖書を学ぶために

神は備えたもう

詩篇104篇

マタイの福音書6章19―34節

考え、話し合うための質問

- 神は霊的な必要と同じように物質的な必要にも配慮しておられる、という意見に同意しますか、しませんか。その理由は何ですか。
- よい管理者として、私たちは自分のからだに対して、どのような態度をとるべきですか。
- なぜ、またどういう意味で、キリスト教は一日ごとに毎日の生活と関わっているといえるのですか。

もし人の過ちを赦すなら、あなたがたの天の父もあなたがたを赦してくださいます。しかし、人を赦さないなら、あなたがたの父もあなたがたの過ちをお赦しになりません。

マタイの福音書6章14、15節

10 私たちの負い目をお赦しください

クリスチャンは、赦されることによって生きます。これが信仰義認〔信仰によって神の前に正しいと認められること〕の意味するところです。神の御子が私たちの罪の罰を引き受けて、私たちを自由にしてくださらなかったなら、私たちに神にあるいのちや希望はまったくなかったでしょう。しかし、クリスチャンは今なお欠点があり、毎日罪の赦しを必要としています。そこでこの模範的な祈りの後半の中で、物質的な備えと霊的な守りを求める二つの請願の間に、イエスはこの願いを入れられたのです。ここには、ご自身の祈りは反映されていません。というのもイエスは、ご自身に罪がないことをご存じだったからです（ヨハネ8・46参照）。これは私たちのための祈りです。

負い目

クリスチャンは自分の罪をどのように理解すべきでしょうか。聖書の記述によれば、律法を犯すこと、逸脱すること、足りないこと、反逆、汚れ《けが》（よごれ）、的を外すことが罪です。これらはみな常に、神との関係でいえることです。ところが主の祈りという特別な視点から罪を見ると、罪とは支払っていない負債だと見なされます。「私たちの負債をお赦しください。私たちも、私たちに負債のある人たちを赦しました」というのが、改訂標準訳によるマタイの福音書6章12節の訳です（ルカ11・4、および借金をしていた二人の者のたとえ、マタイ18・23以下参照）。ルカの福音書11章4節〔ある翻訳によれば。『聖書新改訳２０１７』はそのようには訳していない〕を反映して、「負い目」の代わりに「過ち」と言う教団は、残念なことにこの点を見落としています。イエスの考えによれば、倦《う》むことのない全き忠誠を、私たちは神にささげなければなりません。これはすなわち、イエスご自身の模範に従って、毎日、一日中、神と人とに熱心な愛を注ぐことです。私たちの罪とは実に、そのことができていないということです。

聖公会祈禱書《せいこうかいきとうしょ》においては、犯してしまった罪よりも先に、なすべきことをしなかった罪を告白します（「私たちは、すべきことをしませんでした」）。これは正しいです。すべきことをしないのが罪であるという考え方が基本です。クリスチャンが自分自身を吟味するとき、まず最初に考えるべきことは、するべきだったのにしなかった罪があったかどうか、です。そうすると常に、よいことを行わなかったというかたちで、最も悲しい罪に気づくのです。死の床にあって、アッシャー大主教はこう祈りました。「主よ。私がすべきだったのにしなかった罪をすべてお赦しください」。大主教は霊的な現実を本当にわかっていました。

罪を犯した子供

ここで問題が生じます。もしキリストの死が過去・現在・未来にわたるすべての罪を贖《あがな》ったのなら（実際にそうであった）、そしてもし信じる者を義とする神の宣言（「イエスのゆえに、わたしはあなたを義と認める」）が永遠に有効であるなら（実際にそうである）、そもそもなぜクリスチャンは日々、罪を神の前に告白する必要があるのですか。答えは、審判者なる神と父なる神との間を区別するところにあります。また義とされた罪人と養子とされた子供との間を区別するところにあります。主の祈りは家族の祈りなので、その中で神の養子とされた子供は自分の父に語りかけます。子供は日ごとに失敗しても、義認が覆されることはありません。しかし、子供が「ごめんなさい」と言って、神を失望させたことを赦していただくように求めるまでは、父と子供の間は正されません。

放蕩息子《ほうとうむすこ》が帰ってきたように、クリスチャンもそのつど神のもとへ帰らないかぎり、クリスチャンの祈りは本物になりません。それでは、イエスのたとえ話に出てくるパリサイ人の祈りと同じです。

忍びがたいもの

ここに教訓があります。それは、日々の過ちを見つけるために、クリスチャンは進んで自らを吟味しなければならないということです。また他の人にも、そうするように促さなければなりません。ピューリタンが高く評価した説教者は、良心を「引き裂く」ような説教をしました。今日、このような説教がもっと必要です。私たちのプライドにとっては辛《つら》いことですが、自己吟味という訓練が必要です。人間の親たちはしばしば、自分の子供の過ちに対して見て見ぬふりをしますが（これは決して賢明ではありません）、天におられる私たちの聖なる父は、そんなことはなさいません。ですから私たちの罪について、神が知っておられることがあれば、私たちも知る必要があります。それによって、どんな罪があるにせよ、私たちが悔い改め、赦しを求めるためです。

ある観点からいうと、クリスチャンの罪は最も害を与えるものです。なぜならクリスチャンには罪を避けるために、最大の理由（キリストにある神の愛）と最大の力の源（内住の聖霊）があるからです。キリストにあって自分の罪は覆われているのだから、わざわざ神の律法を守る必要はない、と考える人々はとんでもない混乱に陥っています（ローマ6章参照）。近所に住んでいる青年女子がいろいろな男と一緒に寝ていると知っても、そんなに憤慨しないかもしれませんが、自分の妻がそんなことをしていると知ったら、夫はひどく動転します。それと同じように、ご自分の子供が不誠実であるなら、神は大いに憤慨されるのです（ホセアの預言、特に1―3章参照）。「神のみこころは、あなたがたが聖なる者となることです」（Ｉテサロニケ4・3）。そして、これ以下であってはならないのです。

一六六二年に制定された聖公会祈禱書《せいこうかいきとうしょ》の聖餐式《せいさんしき》の式文では、クリスチャンは罪の「負い目」（咎《とが》）を「忍びがたいもの」と言うように教えています。このような強い言葉を使うことが許されるのは、神の家族が罪を犯すと、神は忍びがたい悲しみを催されると知っているからです。私たちは、こうしたことをどれほど敏感に感じているでしょうか。また神の子供として、私たちの生活でできるかぎり罪を犯してはならない、と配慮しているでしょうか。真のクリスチャンは、自己吟味をすることによって罪を見いだし、そして罪を直視するように努めるだけでなく、生きているかぎり、「御霊によってからだの行い（つまり罪深い古い自分の習慣）を殺す」（ローマ8・13）ために労するでしょう。

赦す者だけが赦される

イエスが言われたように、神の赦しを望む者は、自分もまた負い目のある者を赦しました、と神に告げなければなりません。これは行いによって赦しを勝ち取るという意味ではなく、悔い改めによって赦される資格を得るという意味です。悔い改めとは、心の変革であって、あわれみと忍耐とを新しい生活様式の中心に置きます。神に赦されて生きる者は、これに倣わなければなりません。神によって過ちを責められたくないと一心に願う人は、他の人の過ちを責める権利を失っています。「人からしてもらいたいと望むとおりに、人にしなさい」。これがここでの規則です。そして人を赦さないクリスチャンは自分自身に偽善者の烙印《らくいん》を押しています。行いではなく、キリストにある信仰によってのみ赦される、というのは真実です。しかし、悔い改めは信仰の実なのだから、信仰を告白しただけでは本物とはいえず、信仰に伴う悔い改めがあってこそ本物であるといえます。マタイの福音書6章14節以下と18章35節でイエスご自身が強調しておられるように、赦してあげた者だけが赦されるのです。

ここでもう一度、質問します。私たちは主の祈りを唱えることができるでしょうか。あなたはできますか。次の詩の言葉を、私たちみなの願いとしたいものです。

「私たちの罪をお赦しください、私たちも人の罪を赦しましたから」
こう祈るように、主よ、あなたは教えてくださいました。
でも、あなただけが恵み豊かで、
この言葉のとおりに、私たちを生かしてくださいます。

どのようにして、あなたの赦しは届き、
祝福してくれるのでしょうか、
この赦すことができない心を。
私たちは悪をたくらみ、
過去の恨みを忘れません。

燃える光の中で十字架が啓示します、
私たちがほのかに知っていた真理を。
私たちに対する人の負い目がいかに小さく、
あなたに対する私たちの負い目がいかに大きいかを。

主よ、深みまできよめてください、
私たちのたましいを。
そして憤りをとどめてください。
そのとき、神とも人とも和らいで、
私たちの生活に平安が広がります。

さらに聖書を学ぶために

赦しを求める

詩篇51篇

赦される資格を得る

マタイの福音書18章23―35節

考え、話し合うための質問

- 主の祈りは罪をどのように定義していますか。私たちの日常生活の中で、罪はどのように見えますか。
- クリスチャンになった後でも、なぜ日々の罪を告白する必要があるのですか。
- 赦そうとしないクリスチャンを偽善者と呼ぶのは、なぜ正しいのですか。

あなたがたが経験した試練はみな、人の知らないものではありません。
神は真実な方です。あなたがたを耐えられない試練にあわせることは
なさいません。むしろ、耐えられるように、試練とともに脱出の道も
備えていてくださいます。

コリント人への手紙第一 10章13節

11 試みにあわせないで

食物と赦しを求める祈りの後に、守りを求める叫びが続きます。これが第三の基本的な必要です。この文は前半と後半に分かれます。「私たちを試みにあわせないで、悪（罪か困難か、それともその両方か。あるいは困難を引き起こし、罪に誘う「悪しき者」か）からお救いください」。ところが、前半も後半もたった一つの思想を表しています。すなわち、「人生は霊的な地雷原です。その危険の中にあって、私たちは自分自身にはより頼みません。父よ、私たちを安全にお守りください」ということです。ここで主の祈りは、詩篇を貫いている人生観と結びつきます。現実主義、自己不信、神への謙虚な信頼が、この請願を通して息づいています。こうしたことは、私たちすべての者が学ぶ必要があります。

試すこと

神がクリスチャンを試みに遭わせられるかもしれないという考えが、前半の前提としてあります。このことは多くの人を困惑させ、驚きを与えてきました。けれども、ここでいう試みとは何を意味するかがひとたびわかると、状況が明らかになります。「試験」または「審理」、すなわち私たちがどのくらい正しく歩めるのか、またはどのくらい悪を避けられるのか、を明らかにする状況が、「試み」という言葉の背後にある考え方です。この意味において、運転免許試験は（信じてもらえるかどうか、わかりませんが）、運転に関わるすべての事柄を正しく運用できるかどうかを試せるように設計されています。その意味で、運転免許試験は「試み」なのです。

さて、いかなる教育制度や訓練制度においても、必ず定期試験があって習熟度を評価します。このような試験を受けたり、合格したりする経験は、受講生にとって大きな励みとなりえます。神の計画に従って、クリスチャンを霊的に教育したり成長させたりするときにも、同じことが当てはまります。定期的に神は私たちを試験しますし、また試験しなければなりません。そうすることによって、私たちの内側がどのような状態にあるかを神はお知りになり、また私たちがどこまで到達したかをお示しになるのです。そういう点で、神の目的はまったく建設的であり、私たちを強め前進させます。ですから、神はアブラハムを「試されて」（英語標準訳。英欽定訳では「試みられて」、英改訂訳は「試験して」）、イサクをささげるように命じられたのです。そして試練の後で、すばらしい祝福を約束されました。それは「あなたが、わたしの声に聞き従ったから」でした（創世22・18）。

遊びではない

それでは、もし試みが有益であるとするなら、なぜ私たちは試みを免れさせてください、とお願いするのでしょうか。理由は三つあります。第一に、私たちの善のために神が私たちを試みられるときは必ず、いつも「試みる者」「誘惑する者」（マタイ4・3、Ⅰテサロニケ3・5）であるサタンがその状況を利用して、私たちをだめにしようとするからです。「あなたがたの敵である悪魔が、吼《ほ》えたける獅子《しし》のように、だれかを食い尽くそうと探し回っています」（Ⅰペテロ5・8）。イエスは荒野の経験から、サタンがどんなに下劣で巧妙であるかを知っておられました。また、誰《だれ》もサタンを過小評価したり、自ら会うことを求めたりすることを望まれませんでした（現代のオカルト主義者はこのことを心に留めるといいでしょう）。

第二に、試みの際の圧迫は、あまりにも凄《すさ》まじいので、まともなクリスチャンなら、その圧迫から逃れようとするからです。それはちょうど癌《がん》に罹《かか》りたくないと考えるのと同じです。こうした二つの理由から、イエスがゲッセマネにおいて、「わが父よ、できることなら、この杯をわたしから過ぎ去らせてください」と最初に祈られたのは正しかったのです。それは「しかし、わたしが望むようにではなく、あなたが望まれるままに、なさってください」（マタイ26・39参照）と祈りを締《し》め括《くく》られたのと同じように正しいのです。試みは遊びではありません！

第三に、自分の弱さ、理解力の鈍さ、霊的な事柄においては弱点だらけであることを、私たちははっきりと知っているからです。またサタンが巧妙にも、私たちの長所も短所も同じように利用してくるのを知っているからです。クリスチャンとしての私たちの在り方を、サタンは正面から攻撃するかと思ったら、次には潜入や待ち伏せという戦略を用いたりもします。そのため、一方の危険を避けられたときはいつも、もう一方の危険の犠牲になっている始末です。ですから謙《けん》遜《そん》になり自分を過信しないで、こう叫ばずにはおれません。「主よ、できますならば、どうか試みに遭わせないでください。私は自分をだめにしたくありませんし、また失敗することによって主を汚《けが》したくもありません」。試みは避けられないかもしれません。しかし、自ら試みを選ぶのは愚か者だけです。そうでない者は、霊的な破船に対するパウロの警告に注意を払います。「ですから、立っていると思う者は、倒れないように気をつけなさい」（Ⅰコリント10・12）

目を覚まして祈っていなさい

弟子たちがゲッセマネで眠っているのをイエスがご覧になったとき、こう言われました。「誘惑に陥らないように（すなわち、負け始めないように）、目を覚まして祈っていなさい。霊は（神のみこころを行おうと）燃えていても肉（人間の本質）は弱いのです」（マタイ26・41）。イエスがこのように言われたのは、ちょうどご自分が経験された葛藤《かっとう》のゆえでした。カルバリを前にして、イエスはご自分の肉体が激しく後ずさりしていました。そのうえ、疲れていても一緒に起きていてほしいとお願いなさった者たちは眠りこけていました。弟子たちは目を覚まして、イエスのそばで祈り、イエスを支えるはずでした。「試みにあわせないで……ください」というとき、自分は誠実であるか、現実がわかっているか、が試されていることを私たちは認めなければなりません。これは、「目を覚まして祈ってい」ることに繋《つな》がっていきます。目を覚まして祈っていなければ、気がつかないうちに私たちは誘惑の犠牲となってしまいます。

「目を覚まして」は、歩哨《ほしょう》に立つ兵士を連想させます。歩哨は敵の攻撃の兆しを警戒します。私たちを誘惑にさらすような状況や仲間や影響に注意し、できるだけそうしたものを避けることによって、私たちは誘惑に対して目を覚ましているのです。ルターが言ったように、鳥が頭の上を飛ぶのはやめさせられなくても、髪の毛の中に巣を作るのはやめさせることができます。自分にとって火となるものは何でしょうか。火遊びはやめなさい！

「祈りなさい」とは、イエスが今したばかりの種類の祈りを指しています。それは内心で気が進まないことに加えて、数多くのセイレーン〔ギリシア神話に出てくる海の怪物〕が目の前で歌っているときに、正しいとわかっていることを行う力を求める祈りです。セイレーンは私たちを魅了して進路から逸らし、霊的な暗礁《あんしょう》に乗り上げさせようとたくらんでいます。

このような状況における心の正しい在り方を、チャールズ・ウェスレーほどうまく言い表した人はいませんでした。次の賛美歌はこのように歌いだします。「イエスはわが力、わが望み、私はあなたに思い煩いを委《ゆだ》ねます」

私は求めます　神への恐れと
聡《さと》き目を。
罪が近づき　誘惑する者が飛ぶのを見ても
神を見つめていられるように。
また　整えられた霊を求めます
ねたましいほどの配慮をもって武装した霊を。
永遠に歩哨《ほしょう》に立ち、
祈りに目を覚ましていられるように

このことに関する結論は次のとおりです。クリスチャンとして成長するために、試みは有益かつ必要なので（ヤコブ1・2—12参照）、私たちはすべての試練から免除されるわけではありません（Iコリント10・13参照）。しかし、もし私たちが試練を免れることを求め、またさまざまな状況を利用して私たちを堕落させようとするサタンの企てに対抗して、目を覚まして祈るならば、本来よりも少ない誘惑ですむかもしれないし（黙示録3・10参照）、また誘惑が訪れたとしても、うまく対処できるかもしれません（Iコリント10・13）。ですから誘惑のために準備はしないという非現実的な考えはやめてください。また誘惑を自ら招くような無謀なまねはしないでください。しかし誘惑されたときには、誘惑がもたらす悪から救い出してくださる神の力を疑わないでください。あなたが誘惑の中を慎重に歩くとき、「つまずかないように守る」（ユダ24節）神の力があるのです。あなたが試みに気がついていないときには、「試みにあわせないで……ください」と祈りなさい。気がついているときには、「悪からお救いください」と祈りなさい。そうすればあなたは生きるのです。

さらに聖書を学ぶために

エバの誘惑
創世記3章1―7節

アブラハムの試練
創世記22章1―19節

イエスの試み
ルカの福音書4章1―15節

考え、話し合うための質問

- 主の祈りで使われている言葉の意味として、「試み」とは何ですか。
- 私たちを試みられる神の目的は何ですか。このような試みに、どのように対処しますか。
- 試練から免れさせてくださいと私たちが求めるのはなぜですか。

誘惑に陥らないように、目を覚まして祈っていなさい。霊は燃えていても肉は弱いのです。

マタイの福音書26章41節

12　お救いください

神の家族の生活とは、どのようなものか。そこには三つの面があると、主の祈りから学ぶことができます。それは献身と信頼と危険です。「悪からお救いください」とは、迫りくる危険から守ってくださいという嘆願です。危険は、新約聖書全体を通して現れ、常にキリスト教の信者を脅かしています。

危　険

快適な日々の生活を送っていると、実は自分が危険の中にいるなどとは考えません。しかし、そのように考えるべきです。なぜなら私たちは危険の中にいるからです。ここでもまた、聖公会祈《せいこうかいき》禱書《とうしょ》から深い洞察を得ることができます。嘆願の式文では、「悪からお救いください」を五つの個別の請願に分けています。そこで個別に挙げられた悪を、その関連の問題とともに紹介すると、次のようなものがあります。

すべての罪悪、悪魔のわな……から。心の迷い、高慢・虚栄・偽善、ねたみ・憎しみ・恨み、またすべての無慈悲（愛のなさ）から。不品行とすべての重い罪、また世と肉と悪魔の欺きから。……また不慮の（予期しない、準備のできていない）死傷から。……またすべて心をかたくなにし、主のみ言葉と戒めを軽んずることから。主よ、お救い下さい。

（日本聖公会改訂祈禱書より）

今や最も深刻な危険が何であり、いつ起きるかがわかりました。私たちに必要なのは、もっぱら不利な状況からの救いだけではありません。私たちの内側にある、霊的な悪からの救いも必要です。霊的な悪は、順境と逆境の両方を踏み台にして、私たちを攻撃してきます。罪は私たちの心の中にあって、ありとあらゆる嗜好《しこう》を生み出し、神のみこころ以外のことをさせようとしたり、神ご自身以外のものを愛させようとしたりします。罪は危険の源です。罪の残滓《ざんし》が私たちの心の中には残っているので、道を踏み外す危険は、いつでもどこにでもあります。

偽　り

嘆願の式文から引用した抜粋を、もう一度見てください。そこに挙げられたすべての悪は、堕落した人間の心から自然に流れ出てきます。サタンはサーカス団長のように、これらの悪がどのような順番で登場して演技するのかを決めているのかもしれません。サタンは私たちの身体に、そうした悪を注入する必要はありません。なぜなら、私たちの身体の中にすでに存在しているからです。そして罪は多くの場合、偽りによって働きます。

「無知、偽り、頑《かたく》なな心」は罪が用いる手段を語るうえで鍵《かぎ》となる言葉であり、「高慢、偽善、愛のなさ」は罪の現れを示すうえで鍵となる言葉です。ところが高慢や愛のなさは、神や真理や教会のための熱心というかたちをとって偽装するでしょう。また私たちの関心がよそに向けられている間に、他の道徳的・霊的な悪は、決まって気づかれることなく忍び込んでくるでしょう。これはピューリタンが「自己欺瞞《じこぎまん》の神秘」と呼んだもので、ヘブル人への手紙が「罪に惑わされて」（ヘブル3・13）といっているものです。

危険に直面したとき、分別のある人は冷静に注意深く、警戒しながら一歩一歩進み、問題がほの見えてきたら、すぐに「助けてください」と叫びます。同様に分別のあるクリスチャンもまた、「目を覚まして祈ってい」て、誘惑に陥らないようにします（マタイ26・41参照）。そして悪から救いくださいという叫びが、しばしばその口をついて出てきます。このようにして、クリスチャンは安全に守られるのです。

救い

「これがあなたの人生です」というテレビ番組がありました。番組では毎回のゲストの人生を外側から、つまりその人の業績や友人から振り返ります。けれども、もし「あなたの人生はどうですか」とあなたが聞かれるなら、あなたは自分の内面から、もっと深いところから話すでしょう。一人の人間として、あなたは目的をもって創造されました。だから否が応でも、自分が目指した目標の地点から、自分の人生を述べるでしょう。またその目標を追い求める途中で出合った課題・葛藤《かっとう》・挫折《ざせつ》・成長なども述べるでしょう。

ある人の人生を振り返るとき、人間を中心とする世的なやり方では、成し遂げた実績あるいは成し遂げられなかった実績を論評します。また取り組んだ課題に、成功したか失敗したかを論評します。有名人の回想録や伝記では、このようにしてその人の経歴を振り返ります。ところが聖書記者や聖書の登場人物、および聖書的なクリスチャンの場合は、これとは違ったやり方をします。まず初めに、自分の人生を振り返るときには、神を中心とします。また神を見るときは、この神が自分の人生を形づくる中で決定的な要因であったと見なし、自分が成し遂げたわざを評価できるのは神だけであると考えます。そして、おもに二つの観点から神のみわざを見ていきます。第一はあわれみです。クリスチャンにとって自分の生涯とは、賛美歌の歌詞を借りれば、「始めから終わりまであわれみのみ」であったと悟るのです。第二の観点は救い、、です。クリスチャンは自分が何度も何度も問題や妨害から救い出されたと考えます。クリスチャンが神に仕え、神と交わるときに、こうした問題や妨害がクリスチャンを神から引き離そうとしたり、邪魔しようとしたりするからです。神は「それほど大きな死の危険（アジアでの苦難）から私たちを救い出してくださいました。これからも救い出してくださいます。私たちはこの神に希望を置いています」（Ⅱコリント1・10）とパウロは語っています。この考え方は、聖書全体の示す人生観として典型的なものです。この人生観に従うならば、悪すなわち内側にある罪と外側にある嵐《あらし》から、あわれみをもって救い出してくださいと神に願うことは、あらゆる場合において、信仰の本質的な要素です。少し時間を割いて聖書語句辞典（コンコルダンス）を開き、聖書における「救う」と「救い」の用法を調べるなら、そのとおりであることを確認するでしょう。

あなた自身の人生が、あらゆる種類の悪によって脅かされ、危険にさらされているのが、これでわかりましたか。またそれゆえに一瞬一瞬、神の救いを必要としていることもわかりましたか。しかし、いいですか、もしこれがわからないならば、あなたは何を見ているのか、自分でわかっていないのです。それはちょうど自動車が両方から行き交う街の通りの真ん中で、目隠しをし、耳《みみ》栓《せん》をしながら歩き回っているようなものです。自分の人生の中で、実際に何が起こっているのかを、主の祈りから学んでください。そして、だんだんと危険を見分けられるようになったら、ますますしっかりと偉大なる救い主によりすがってください。「彼がわたしを愛している（固く握っている）から／わたしは彼を助け出す」（詩篇91・14）というのが、聖徒一人ひとりへの神の約束です。それを要求しなさい。あなたのものになります。

さらに聖書を学ぶために

救いの歌

サムエル記第二22章（＝詩篇18篇）

考え、話し合うための質問

- 霊的な守りのために私たちが定期的に祈らなければならないという事実は、私たちの人生について何を教えているでしょうか。
- 「私たちの内側にある霊的な悪は、順境と逆境の両方を踏み台にして、私たちを攻撃してきます」という言葉は何を意味していますか。
- ピューリタンのいう「自己欺瞞《じこぎまん》の神秘」とは何ですか。

（キリストは）様々な支配と権威の武装を解除し、それらをキリストの凱旋《がいせん》の行列に捕虜として加えて、さらしものにされました。

コロサイ人への手紙2章15節

13 悪から

悪について最初にいえることは、悪は現実に存在するということです。そのようなものは存在しないかのように振る舞うべきではありません。ヒンドゥー教の神秘主義者と同様に、クリスチャン・サイエンスの信者は、悪を幻想として片付けようとしています。悪を生成の途上にある善であるとか、誤解されている善であると見なそうとする人もいます。しかし聖書によれば、悪は善と同じように現実のものであり、両者の相違は決定的です。

悪について第二にいえることとして、悪は非合理的で無意味な存在であり、まったく理由がなく、ただ歪曲《わいきょく》された善としか定義できません。

悪について第三にいえることとして、神は悪に対処しておられます。カルバリの十字架の犠牲を通して、責任をもって神は悪い事態から善い結果を引き出されました。すでに神は悪に勝利しておられます。ついには悪を取り除いてくださいます。悪について考えるクリスチャンは、悲観主義者ではありません。というのも善を破壊するこの狂った無意味な現実は、やがて滅ぼされることを知っているからです。このことを、キリストは十字架の上で宇宙的な悪に打ち勝つことによって（コロサイ2・15参照）保証してくださいました。最後には、再臨のときに悪を滅ぼしてくださいます。

クリスチャンは自分の内外にある悪に巻き込まれているのですが、その日には、このすべての混乱の中から、自分にとってはすばらしい善が、神にとっては偉大な栄光が現れるのを心待ちにしています。そのようなことは、こうした混乱がなかったなら、期待できないことでしょう。神はご自分の世界の中で、こんなに長きにわたって悪の存在を許しておられるのですが、再臨のときには、善と知恵に満ちた神が正しいのだということが最終的に立証されます。

二種類の悪

悪は有害であり、その結果として、善を破壊し、浪費し、排除します。つまり、実直で価値のある喜ばしい人生を送らせないようにするのです。定義するならば、悪は二つの形態をとります。第一に、私たちの外側にある悪、つまり悪い環境があります。「困難・悲痛・欠乏・疾病、その他の逆境」です。環境にうまく対処して、よい方向に向けられないとき、環境は苦痛や挫折《ざせつ》をもたらすようになり、環境は悪となります。ですが実際のところ、環境はそんなに悪くないことがよくあります。ベートーベンは耳が聞こえなくなった挫折感と孤独の苦痛とを逆手にとって、堂々たる音楽へと作り変えることができました。また数えきれないほどの病弱者が、慢性的な身体の苦痛をものともせずに、尊厳と平静を保つことができました。そして詩篇の記者は次のように言うことができました。「苦しみにあったことは　私にとって幸せでした。／それにより　私はあなたのおきてを学びました」（詩篇119・71）。とはいえ、時として、あまりにも苦痛が激しいために叫び続けることしかできず、ついには憔悴《しょうすい》しきって卒倒してしまうことがあります。これは確かに悪です。

第二に、私たちの内面にある悪、つまり腐敗という悪があります。これは悪人と堕落した御使いの悪であり、この悪は、ある見方からすれば善の欠如、別な見方からすれば善の誤用といえます。こうした悪は、悪魔やアダムや私たちの中にもあります。なぜ、またどうして善が腐敗して、間違った方向に行ってしまったのか。聖書は説明していませんし、また私たちの理解を超えています。しかし事実として、そうなのです。第一の種類の悪との関係でいえば、私たちは受動的です、つまり悪を被るのです。しかし第二の種類の悪との関係でいえば、私たちは能動的であって、悪を行うのです。「私は、したいと願う善を行わないで、したくない悪を行っています」（ローマ7・19）とパウロは言っています。これに対して、正直な人なら誰《だれ》でも、こう言うに違いありません。「そのとおりです。私もそうしてしまいます」

救い出してくださる神

クリスチャンは自分の内外にある悪を無視することはできません。また勝手に悪を行ってもいけません。なぜならクリスチャンが召されたのは、悪に立ち向かい、善をもって打ち勝つためだからです（ローマ12・21）。しかしそのためには、悪はクリスチャンに打ち勝つことができないという前提が必要です。そこでもうひとたび、主の祈りが出てくるのです。

「悪からお救いください」と神に求めるように、とイエスは教えてくださいました。ここで使われているギリシア語の言葉が一般的な「悪」〔新改訳の本文〕を意味するのか、「悪い者」〔新改訳の欄外注〕を意味するのかは重要ではありません。とはいえ、「悪い者」のほうがふさわしいように思います。最初の訳は、「私たちをすべての悪から救い出してください。すなわち世にある悪、私たち自身の内にある悪、他者の内にある悪、サタンとその仲間の内にある悪から」の意味になります。第二の訳は、「私たちをサタンから救い出してください。サタンは私たちを滅ぼそうとしています。またその目的のために、サタンが利用しようとしているすべてのことから救い出してください。つまり、不敬虔《ふけいけん》なこの世のすべて、罪深い私たちの肉の性質すべて、あらゆる類《たぐ》いの霊的な悪から救い出してください」となります。けれども両方の訳が、同じことを目指しています。

そしてすばらしいことに、イエスが実際にこのような祈りを教えられたということは、もし私たちが悪からの救いを求めるなら、それを得ることができる、とイエスは暗に約束しておられるのです。私たちが「お救いください」と叫ぶその瞬間に、神の救出の働きが始まります。いかなるかたちの悪が私たちを脅かしていても、その悪に対処する助けがこちらに向かって来ているのです。

さらに聖書を学ぶために

悪から救い出される

コリント人への手紙第二1章3―11節、12章1―10節

考え、話し合うための質問

- 神はいま悪に対して何をしておられますか。究極的には、どのようにされますか。
- 悪い環境が私たちを建て上げるのか、それとも破壊するのか、その決め手となるのは何ですか。
- 神が悪から救い出してくださるのは、どのような人ですか。また、その理由は何ですか。

主は　天にご自分の王座を堅く立て
その王国は　すべてを統べ治める。

詩篇103篇19節

14 国と力と

人間の感情が及ぶすべての領域を音楽が表現できるように、規範となる主の祈りもまた、キリストの弟子が生活の中で直面するすべての関心事を扱っています。私たちが贖《あがな》われたことへの賛美（「父よ」）、この世を超越した偉大な神をたたえること（「天にいます」）、神の栄光を熱望すること（「御名が聖なるものとされますように」）、神の勝利を求めること（「御国が来ますように」）、神に自らをささげること（「みこころが……行われますように」）は、みな主の祈りの前半部分で言い表されています。祈りの要素を賛美・聖別・感謝・願いに分ける一般的な分析方法に従うならば、願いを除くすべての要素が、前半に含まれています。そして後半部分の懇願で言い表されているのは、物質的な必要について神により頼むこと（「私たちの日ごとの糧を、……お与えください」）、不忠実を悔い改め、あわれみを欠く生き方をやめること（「私たちの……お赦しください。私たちも、……赦します」）、霊的な敵の力の前で弱さを覚えること（「私たちを試みにあわせないで、悪からお救いください」）です。そして最後に、伝統的な祈りの形式に従って、ふたたび賛美に戻ります。

古代の翻訳に従って、私たちは頌栄《しょうえい》をもって主の祈りを終えるのですが、この頌栄は最良の写本には見当たりません。けれども、頌栄は最もすばらしい伝承の中にはあるのです！　頌栄（つまり、神の栄光のゆえに神を賛美する行為）は聖書全体を通じて顔を出します。先に見たように、私たちが一人でデボーションをしていると、賛美と祈りとが、お互いの中から生まれ、お互いに導き合い、互いに掻《か》き立《た》て合います。それぞれ、必要を覚えるときが祈りの推進力に、必要が満たされるときが賛美の推進力になります。神がどのような方であり、どのようなことをなさるかをほめたたえることが強い支柱となって、神がおできになること、また神がなさろうとすることに対して期待するようになります。ですから、神を賛美すればするほど、ますます活気をもって祈るようになるでしょう。そして祈れば祈るほど、ますます賛美することが増えるでしょう。

祈りと賛美

祈りと賛美とは、鳥にとって一対の翼のようなものです。両方が動くことによって、高く飛べるのです。片方が動かなくなると、飛べなくなります。しかし鳥は地上に縛られているべきではありません。クリスチャンは賛美を欠いてはいけないのです。始めに出てくる「天にいます」と、中ほどに出てくる「天で行われるように」という言葉は、主の祈りの流れの中にあって、賛美をするための休止符です。そして締《し》め括《くく》りの頌栄がイエスの口から出たものではないとしても、確かにこの頌栄はイエスのみこころを反映しています。

　ここで賛美は祈りと「だからです」という言葉で結びつけられています。「国と力と栄えは、……あなたのものだからです」。ここで思考の繫《つな》がりを見ましょう。私たちが確信をもって天の父に配慮と赦しと守りとを求めるのは、こうしたものを子供に与えることは、神にとって可能だとわかっているからです。またそのように与えることは、神の性質とも一致しています。神が人々と関わられるとき、神の性質が現れます。これはすなわち、神の栄光です。ですから、頌栄は神の力と栄光とをたたえる賛美の一つの実例です。この頌栄を入れることによって祈りを支え、神の力と栄光から生じる実を受け取れるようにするのです。

国と力

　この頌栄の中で神に帰せられている国と力は、二つの言葉で一つの複合的な思想を表しています（文法学者はこの表現法を二《に》詞《し》一意《いちい》と呼んでいる。西洋古典文学の中ではよく見られる）。ここに込められた思想は、全能の支配です。国は、詩篇103篇19節の用例と同じ意味で用いられています。「その王国はすべてを統べ治める」。この国が示しているのは、秩序ある被造物のすべてを包含している神の支配権です。この支配権は、もう一つの意味での神の国、すなわち万物におよぶ贖《あがな》いの秩序としての神の国が「来ますように」という請願の前提となっています。罪がどのようにして偽りを生み出し、知性から活力を奪い取り、精神を腐敗させるかを示す最高の例はサタンです。サタンは、主をここでいわれている基本的な意味での王としては受け入れていません。またこの頌栄《しょうえい》だけでなく、実にすべての頌栄を偽りとして退けようとします。けれどもクリスチャンには分別があるので、しかるべく神を賛美します。

力とは実際の支配権であり、神の統治を表しています。したがって、それは竜巻きのようなむき出しで気まぐれな力ではなく、凶暴なはぐれ象や気の触れた独裁者の力でもありません。打ち負かすことのできない恩寵《おんちょう》の力です。この力は、あわれみと愛のこもった善意という目的を成し遂げて勝利します。これは「私たちとすべての人々に」及びます。この力によって、神はすべての人に善を行い、イスラエルをエジプトから救い出し、イエス・キリストを死からよみがえらせました（エペソ１・19以下など）。

神を無敵の恵み深い王であると宣言している詩篇（47、93、97、145篇など）は、この頌栄における「国と力」についての最もよい注解です。これらの詩篇を読み、思い巡らし、血肉とし、心に刻んでください。そしてクリスチャンの合唱団に加わりましょう。「われらの神にほめ歌を歌うのは良い」（詩篇147・１）からです。

さらに聖書を学ぶために

御座にいます神

ダニエル書4章

詩篇145篇

考え、話し合うための質問

- どのようにして賛美と祈りは互いに導き合い、養い合うのでしょうか。
- 「全能の支配」とは何ですか。また今日の世界において、神はどのようにその支配を用いておられますか。
- 神の力とは、どのようなものですか。

私たちはみな、覆いを取り除かれた顔に、鏡のように主の栄光を映しつつ、栄光から栄光へと、主と同じかたちに姿を変えられていきます。これはまさに、御霊なる主の働きによるのです。

コリント人への手紙第二3章18節

15　栄えは

新約聖書において、「栄光」という言葉の意味には連結した二つの層があって、一方の層が必ず他方の層を伴います。第一層は、創造主の明らかに賛美を受けるにふさわしい価値であり、第二層は、その価値を認めた被造物が神にささげた賛美です。どちらの層が「上に」来るかは、何を焦点にするかによって変わります。すなわち神が持っておられ、示し、与えてくださる栄光を見るのか、それとも神に帰される栄光を見るのかにかかっています。なぜなら感謝をもって、私たちは神を祝福するからです。というのも、恵みのうちに、神は私たちを祝福してくださるからです。神を感謝のうちに私たちは賛美するからです。これは、キリストのかたちに私たちを造り変えることによって、今や私たちに栄光を与えておられる神に、栄光を帰することだからです（Ⅱコリント3・18、エペソ1・3参照。ローマ1・21を8・17、30と比較すること）。しかし、何かのゆえに人間が神に栄光を帰する場合、その何かとは常にすばらしいものです。一方、神が人間に示してくださる栄光は、常に人間からの賛美を呼び起こすことを意図しています。

現された栄光

旧約聖書では、神はご自分の栄光を典型的な見えるかたちで現されました。すなわち恐れを抱かせるような、明るい光の輝きです（後期ユダヤ教では、シェキナーと呼ぶ）。この光は幕屋と神殿の両方において、神の恵み深い臨在を示しました（出エジプト40・34、Ⅰ列王8・10以下）。しかしながら、神の栄光が本質的かつ永続的に啓示されたのは、人間が受けて当然のさばきを下されたり、または人間が受けなくて当然の愛を与えられたりという偉大なみわざによってでした。またご自身の「御名」の内にも栄光を啓示されました。この御名は、私たちの名前のように単なる標識ではなく、神の本質と性格とを開示しています。エホバ（現代の学者によればヤハウェ）とは、「わたしは『わたしはある』という者」（出エジプト3・13―15）という意味であり、このように神の「御名」を十分に説明することによって、神がどのような方であり、今後もどのような方であり続けられるのかをはっきりと示しています。この説明は、モーセに対してなされました。モーセが神に「あなたの栄光を私に見せてください」と願ったとき、神ははっきりと見えるかたちで応えられただけでなく、「わたしは、……主という名……あわれみ深く、情け深い神。怒るのに遅く、恵みとまことに富み、恵みを千代まで保ち、咎《とが》と背きと罪を赦す。しかし、罰すべき者を必ず罰して、……報いる者である」（出エジプト3・6、34・7）とも宣言してくださいました。この道徳的な性格が、神の本質的な栄光なのです。

ですから、ことばが人となって降ってこられ、ご自分を空《むな》しくして、天地創造の前に父と共にしていた栄光をお捨てになったとき、息を呑《の》むようなシェキナーの輝きは隠されたのです。それはただ変貌山のときに、たった一度だけ垣間見られたのみです。しかし、イエスの弟子たちは「この方の栄光を見た」と証言することができました。それは、人となられた神の栄光であって「恵みとまことに満ちておられた」（ヨハネ1・14。17・5、ピリピ2・7参照）。シェキナーの光に備わる物理的な栄光がすばらしかったとはいえ、神の贖《あがな》いの愛に備わる道徳的な栄光はさらにすばらしかったのです。今日、神が啓発して福音を理解させてくださる人たちは、決してシェキナーを見ることはありませんが、イエス・キリストの御顔にある神の栄光を見るのです（Ⅱコリント4・6）。

与えられた栄光

主の祈りに伝承されている頌栄《しょうえい》の中で、私たちが御国の支配とともに栄光をとこしえに神に帰するとき、まず第一に神に告げていることは（そして自分自身にも言い聞かせているのですが）神が私たちの創造主であり贖い主であり、そのすべてのみわざ、特に恵みのわざにおいて栄光に満ちた方であり、また永遠にそうであられるということです（「あなたの、す、ば、ら、し、い、栄、光、の、ゆ、え、に、あなたに感謝します」）、第二に私たちは、神のすべての栄光のゆえに、今もこれからも常に、自らをささげて神を礼拝し、あがめます（「いと高き神に栄光があるように」）。このようにして頌栄《しようえい》は、賛美をもって主の祈りを閉じます。クリスチャン人生そのものも、そのようなものです。願い求めることは、この人生が終わると同時にやみますが、神に栄光を帰するという幸いな務めは、永遠に続くからです。

栄光を誰に

ここで、私たちの霊的な資質を吟味してみましょう。

人間の罪の法則（これは人間の中にある悪魔のかたちである）は次のようなものです。栄光は神ではなく、自分のものです。したがって自分の栄光であると考えるものを見せびらかし、人々に称賛されることで自分に栄光を帰そうとします。これは私たちの高慢の一面です。それを虚栄と呼びます。虚栄心に満ちた人たちは、自分の容姿・肉体美・衣服・能力・地位・影響力・邸宅・頭脳・人脈、その他自慢したいものをみな見せびらかし、拍手喝采《はくしゆかつさい》を期待します。しかしもし人々がこびへつらわず、感銘を受けてくれないと、憤慨し傷つくのです。

しかしクリスチャンが知っているように、虚栄は偽りです。なぜなら虚栄において、私たちのゆえに称賛されるのは私たち自身だからです。しかし、そうであってはなりません。キリスト教が教えているのは、本当は持っているとよくわかっている資質を、自分は持っていないかのように振る舞うことではありません。むしろ自分が持っているものはすべて神からの賜物《たまもの》であると認めることです。それゆえ称賛され、ほめたたえられるのは、私たちではなく、神なのです。

自分ではなく神がほめたたえられたとき、どれほど喜べるか、あるいは不快に思うか、また同じように、神ではなく自分が称賛されたときはどうか。このことを自問するのが試金石です。成熟したクリスチャンは、自分に栄光が帰されても満足しません。むしろ、人々が神に栄光を帰さないことに心を痛めます。ピューリタンで、信仰書の著作家として当時とても傑出していたリチャード・バクスターが臨終の床にあったとき、お見舞いに来た人がその著作の件でバクスターを褒めたとき、バクスターの心は痛みました。「私は神の御手のうちにあるペンにすぎません。ペンを褒める必要がありますか」と小さな声で言ったそうです。これは成熟した精神を示しています。成熟した人は、いつも次のように叫ぶことを望んでいます。「栄光が神にあるように。なぜなら神は栄光を受けるのにふさわしい、唯一の方だからです」

この試金石は、私たち自身について何を教えていますか。

さらに聖書を学ぶために

頌栄の方法

ローマ人への手紙11章33－36節

エペソ人への手紙3章20節以下
テモテへの手紙第一 6章13－16節
ヘブル人への手紙13章20節以下
ユダの手紙24節以下
ヨハネの黙示録1章4－7節

考え、話し合うための質問

- 「栄光」という言葉の二つの意味は何ですか。そして両者は、どのような関係にありますか。
- 神の本質は、神の栄光とどのような関係にありますか。
- シェキナーが見られないために、神の栄光を見る私たちの能力は制限されますか、されませんか。その理由は何ですか。

神の約束はことごとく、この方において「はい」となりました。それで私たちは、この方によって「アーメン」と言い、神に栄光を帰するのです。

コリント人への手紙第二1章20節

16 アーメン

私たちが主の祈りや他の祈りの最後に「アーメン」と言うとき、それは何を意味するのでしょうか。

はい、それは本当です！

「アーメン」は旧約聖書とシナゴーグ（ユダヤ教の礼拝堂）での礼拝で使われたヘブル語で、そこからキリスト教の言葉として転用されました。聖書では、「アーメン」は祈りを締《し》め括《くく》るに当たり、願いを聞いてくださいという熱望を示すだけでなく、ダビデ王の命令（Ⅰ列王1・36）や神の警告（民数5・22、申命27・17－26）などを受け入れるときの受諾の意思を言い表したりします。元来の意味は、「本当、固い、強固、確か」で、語られたことに対して同意することを強調して表します。イギリス中部地方の出身者なら「決まってそうだよ」と言うでしょうし、アメリカ人の日常会話なら、「それが正しい」と言うことでしょう。「アーメン」を意訳すると、だいたい「そうなりますように」と訳されますが、それでは弱すぎます。「アーメン」とは単なる願望を表しているのではなく、「そのようになります」というまったくの確信を示しているからです。

「アーメン」は、祈りの言葉の後につけることもあれば、前につけることもあります（「まことに」というイエスの決まった言い方は、五十回以上出てくる。「まことに、あなたがたに言います」は、原語で「アーメン」である）。どちらにしても、「アーメン」は語られた言葉を強調し、語り手が、その言葉に自分の存在をかけるほどに重要であることを示しています。コリント人への手紙第二1章20節でパウロが述べていることによれば、クリスチャンが神の約束に対して「アーメン」と言うとき、神は真実であり、その語ることばも信頼できる方だとほめたたえているのです。「神の御名はアーメンであり、……あなたのおことばは、まことです」（イザヤ65・16〔新英訳聖書〕、Ⅱサムエル7・28）。またコリント人への手紙第一14章16節では、公的な礼拝において感謝の祈りがささげられたときに、クリスチャンが「アーメン」と言うことをパウロは想定しています。口だけでなく心を込めて「アーメン」と言うとき、その結果として、その約束と祈りに自分自身も関わることになり、あたかも自分自身もその祈りをささげたかのようになります。

あなたの祈りは？

伝統的な頌栄《しょうえい》によれば、主の祈りは「アーメン」と言って終えなければなりません。これは理にかなったことです。「アーメン」（大きな声で強調して言うのが最善です）とは、自分の言ったことは本当です、と最後に宣言することであり、その祈りが言い表している考え・希望・目標に自分は完全に同意していると宣言することです。主の祈りは一生涯（あるいはそれ以上の時間）をかけて習熟していくものですが、この短い学びを終えるのに最もふさわしい方法は、この祈りに含まれているおもな項目を一覧することです。それではお尋ねします。

イエス・キリストを自分の救い主として信頼していますか。イエスを通して神を自分の神として信じていますか。「私たちの父よ」と言うとき、すべてのクリスチャンを神の家族の兄弟姉妹として認めますか。

どんなに犠牲を払うとしても、自分の中でまた自分を通して、神の御名を聖なるものとすることが、人生の第一の目的になっていますか。神が御国に凱旋《がいせん》なさるのを見たいですか。また完璧《かんぺき》なる神にそぐわないすべてのものが滅びるのを見たいですか。

御国のために労し、必要ならば苦しみも受けますか。そのようにして御国の外交員となり、神に対して門戸を閉ざしている人々や状況に対して御国をもたらす器となりますか。

神が意図して命令なさることを、喜んで自分の規範として受け入れますか。また神が意図して起こされる出来事を、喜んで自分の運命として受け入れますか。その両方が最高にすばらしいことを（信仰によって）知っていますか。

神が意図して命令なさることに、まっこうから反抗していることがありますか。そのようなとき、ほかに忠実に従っている命令があるからと言い訳をしていませんか。もしあるなら、今それをどうするつもりですか。

神が働いてくださって、今日の必要を備え、今日の罪を赦し、今日の誘惑から守ってくださらなければ、自分はどうしようもないことが、わかっていますか。

誰《だれ》をも決して恨まない、または根に持たないことに良心の問題として取り組んでいますか。神がいつも自分のことを赦してあわれんでくださるのですから、自分も常に赦してあわれんでいますか。

何かひどい仕打ちをされたために、今まで赦そうとしない人が誰《だれ》かいますか。今ここで主に助けをお願いして、自分の態度を改め、その人との関係を正しませんか。

誘惑に対して、目を覚まして祈ることを習慣としませんか。今から習慣にしませんか。

本当に心を込めて主の祈りを祈っていますか。正直な気持ちで「アーメン」と言っていますか。

「神よ　私たちにきよい心を造り、……あなたの聖なる霊を／私から取り去らないでください」。主よ。私たちにどのように祈るかを教え、どのように生活するのかを教えてください。イエスの御名によって、「アーメン」。

さらに聖書を学ぶために

不誠実に陥る危険

伝道者の書5章1―6節
使徒の働き5章1―11節

考え、話し合うための質問

- 「アーメン」とは、どのような意味ですか。
- なぜ神は、「神の御名はアーメンであり」と言われるのですか。
- 主の祈りに対して「アーメン」と言うとき、どのような意味が込められていますか。

訳者あとがき

パッカー博士の著書・論文の邦訳には『福音的キリスト教と聖書』『神について』および『聖書論論集』の中の「啓示論」がありました。最近では『私たちの信仰告白　使徒信条』『クリスチャン生活と十戒』の二冊が稲垣博史先生によって訳されています。今回は『私たちの主の祈り』を微力な私が訳させていただきました。思わぬ間違いをしているところがあったのではないかと案じています。ご教示をいただきたいと願っています。

著者は「主の祈り」を十六の項目に分け、釈義をするとともに、さらに一つ一つの祈りが持つ意味を深く掘り下げています。そのうえで、それらを霊的な生活に適用させています。一例を挙げますと、「国と力と栄え」の「栄え」では、旧新約聖書での栄光の用例と意味を説明したのち、栄光を誰《だれ》に帰すのかという点で自己吟味をする必要を述べています。

人間の罪の法則（これは人間の中にある悪魔のかたちである）は次のようなものです。栄光は神ではなく、自分のものです。したがって自分の栄光であると考えるものを見せびらかし、人々に称賛されることで自分に栄光を帰そうとします。これは私たちの高慢の一面です。それを虚栄と呼びます。虚栄心に満ちた人たちは、自分の容姿・肉体美・衣服・能力・地位・影響力・邸宅・頭脳・人脈、その他自慢したいものをみな見せびらかし、拍手喝采《はくしゅかっさい》を期待します。しかしもし人々がこびへつらわず、感銘を受けてくれないと、憤慨し傷つくのです。

しかしクリスチャンが知っているように、虚栄は偽りです。なぜなら虚栄において、私たちのゆえに称賛されるのは私たち自身だからです。しかし、そうであってはなりません。キリスト教が教えているのは、本当は持っているとよくわかっている資質を、自分は持っていないかのように振る舞うことではありません。むしろ自分が持っているものはすべて神からの賜物《たまもの》であると認めることです。それゆえ称賛され、ほめたたえられるのは、私たちではなく、神なのです。

自分ではなく神がほめたたえられたとき、どれほど喜べるか、あるいは不快に思うか、また同じように、神ではなく自分が称賛されたときはどうか。このことを自問するのが試金石です。成熟したクリスチャンは、自分に栄光が帰されても満足しません。むしろ、人々が神に栄光を帰さないことに心を痛めます。

著者は私たちの心をえぐるようなメッセージをもって迫ります。

かつて宗教改革者のマルティン・ルターは「教会の中の最大の殉教者は主の祈りである」と述べたと伝えられています。「主の祈り」が私たち一人ひとりの心に、本当の意味で入っているかどうかを確認する点からも、示唆されるところの多い書であると思います。

一九九一年八月十五日　四十六回目の「敗戦」記念日を迎えて

伊藤淑美

解説——今、学び直す「主の祈り」

本書『私たちの主の祈り』は、英語版の『私はクリスチャンでありたい』（*I Want to Be a Christian*）の一部として、使徒信条・十戒・洗礼の解説と合わせて出版されました（一九七七年）。パッカー博士（以下敬称略）は、その導入部分で、その本が代表作『神を知るということ』（一九七三年）の同伴書であると位置づけ、内容的にはC・S・ルイスの代表作『キリスト教の精髄』のように、各テーマの基本の基本を記したものだと説明しています。執筆の動機は、成人クリスチャンが独学できるカテキズム的な参考書の提供でした。

パッカーは、神学者・伝道者・教育者としての生涯を振り返り、自分はカテキスト（伝教者）であったと自認しています。特に、成人信仰者が学び続ける機会の必要を、執筆、神学教育、教会の成人クラスなどを通して訴え、自ら伝教を実践してきました。『私はクリスチャンでありたい』は、著者の伝教生涯初期の働きの一つです。

信仰は、生来の罪ある人間が自分の理性や経験から生み出しうるものでは決してなく、外側からの啓示の書である聖書、それを解釈し体系づけた神学と教理を通して生涯学び続けるべきものだと、パッカーは言います。イエスご自身が、告別説教後の祈りにおいて、御子が信仰者に授けた永遠のいのちを、「唯一のまことの神であるあなたと、あなたが遣わされたイエス・キリストを知ることです」と定義しています。御父と御子、その関係性を頭と全人格で関係的に知ることなのです。そのためには、啓示の内容を学ぶ必要があります。

『私たちの主の祈り』の部分が英語圏で単体で出版されたのは二〇〇七年です。日本語では単体で一九九一年に出版されたあと版を重ね、本書は二〇〇七年の原書に基づく改訂新訳です。今必要とされる良書の一つです。パッカー自身が、必要な内容を詰め込んだ（パックした）簡潔でありながら訳しにくい文章を伊藤淑美氏が大変わかりやすく訳出してくださいました。

『神を知るということ』と並び、本書の背景には著者の危機感があります。それは、福音主義的な教会における神中心の福音理解から人間中心のそれへの転換です。本来、神が中心で、信仰者は神を礼拝し、神の栄光を讃《たた》えることを主眼とする宗教改革以降の伝統的な福音理解（古い福音）は、人間中心で自分の安泰と満たしを第一とする福音理解（新しい福音）へと移行し、信仰者の心のベクトルは、神から自分（人）へ大きく転向してしまいました。この転向は今もなお根強く、当然主の祈りを祈る私たちに大きく影響を与えています。なぜなら、御子が命じられた主の祈りは、神を真に神とする（let God be God）正しい聖書的な福音に依拠するものだからです。

主の祈りを学ぶにあたって、何よりもまず祈る対象である御父がどのようなお方であるかを知り、理解し、自分のものとする必要があります。聖書的福音は、一言で言えば「なだめの供え物を通して子とされること」（パッカー）です。それを実現してくださった神を真に神とし、神の栄光を第一として、神から出発する福音理解へと回帰することで、主の祈りは、真に主の祈りとして祈られます。

罪人の罪に対して、聖なる神は、正当な怒り、断罪、量刑（地獄における永遠の責め苦）で臨むわけですが、この神が「私たちの父よ」という親しく呼べる方となったのはどうしてなのかを、しっかり学び知ることが重要です。それは、御父の救いのご計画に対する愛と自律的な服従ゆえに、御子イエスが罪の代価を身代わりに受けられた（御子による懲罰代理）からで、これはパッカー神学の真髄です。

信仰者は、御子の死と復活に合わさり、十字架の御子と同じくされていく過程で、死の過程（苦しみ・試練）を経ていきます。それは寄留者の歩みで、まだ見ぬ御国の完成と復活、天における真に親しい神の家族の交わり、神の栄光をこの目で見ることを待望しています。信仰の歩みの現実は、足が地につかない苦しい宙づり状態です。主の祈りは、十字架で宙づりになられた御子が寄留者に祈るよう命じられ、御子が聖別の祈り（ヨハネ17章）で担保しておられます。

『十字架は何を実現したのか』（パッカー著）訳者　長島勝

本書は、一九九一年に小社より刊行された『私たちの主の祈り』を、二〇〇七年の改訂版原書に基づいて編集し直し、新たに解説を加えたものです。

J・I・パッカー（James Innell Packer）

1926－2020年。イギリスとカナダで活躍した英国国教会の聖職者。オックスフォード大学を卒業した後、神学者として健筆を振るい、キリスト教界のさまざまな運動に携わった。1979年からカナダのリージェント・カレッジで組織神学を教えた。
邦訳書：『福音的キリスト教と聖書』『神を知るということ』『聖書教理がわかる94章――キリスト教神学入門』（以上、いのちのことば社）など。

伊藤淑美（いとう・よしみ）

1933－2020年。東京都出身。聖契神学校、ノースパーク大学、東京基督神学校で学ぶ。牧会をしながら聖契神学校専任教師として教鞭を執り、1995－2002年は校長を務めた。
訳書：エリクソン『キリスト教神学 第3巻』（いのちのことば社）など。

私たちの主の祈り

2023年3月10日発行

著　者　J・I・パッカー
訳　者　伊藤淑美
印　刷　日本ハイコム株式会社
発　行　いのちのことば社
〒164-0001 東京都中野区中野2-1-5
TEL03-5341-6923／FAX03-5341-6932
e-mail:support@wlpm.or.jp
http://www.wlpm.or.jp

ISBN 978-4-264-04416-1

ニュークラシック・シリーズの刊行にあたって

いのちのことば社は創立以来今日まで、人々を信仰の決心に導くための書籍、信仰の養いに役立つ書籍の出版を続けてきました。このたび創立七十周年を迎えるにあたり、過去に出版された書籍の中から、「古典」と目されるものや、将来的に「古典」となると思われるものを、読者の皆様のご意見を参考にしながら厳選し、シリーズ化して順次刊行することにいたしました。聖句は原則として「聖書 新改訳2017」に差し替え、本文も必要に応じて修正します。

今の時代の人々に読んでいただきたい、今後も読み継がれていってほしいとの願いを込めて、珠玉のメッセージをお届けします。

二〇二〇年